U0744439

# 暨南大学档案普及知识

暨南大学档案馆　编

# 档案认识

沈晓涛　著

中国·广州

**图书在版编目（CIP）数据**

暨南大学档案普及知识. 1，档案认识/暨南大学档案馆编；沈晓涛著. —广州：暨南大学出版社，2024. 6
ISBN 978 – 7 – 5668 – 3127 – 9

Ⅰ. ①暨… Ⅱ. ①暨…②沈… Ⅲ. ①暨南大学—档案工作 Ⅳ. ①G647. 24

中国国家版本馆 CIP 数据核字（2023）第 151808 号

**暨南大学档案普及知识 · 档案认识**
JINAN DAXUE DANG'AN PUJI ZHISHI · DANG'AN RENSHI
**编 者：暨南大学档案馆**
**著 者：沈晓涛**

…………………………………………………………………………

出 版 人：阳 翼
策划编辑：杜小陆
责任编辑：曾小利
责任校对：刘舜怡 陈皓琳
责任印制：周一丹 郑玉婷

出版发行：暨南大学出版社（511434）
电 话：总编室（8620）31105261
营销部（8620）37331682 37331689
传 真：（8620）31105289（办公室） 37331684（营销部）
网 址：http：//www. jnupress. com
排 版：广州良弓广告有限公司
印 刷：佛山市浩文彩色印刷有限公司
开 本：850mm × 1168mm 1/32
印 张：9. 25
字 数：172 千
版 次：2024 年 6 月第 1 版
印 次：2024 年 6 月第 1 次
总 定 价：69. 80 元（全五册）

# 《暨南大学档案普及知识》

## 编委会

从档案的发展史来看，档案的起源与发展同人类社会的发展和进步密切相关，其发展史反映了人类社会的发展脉络和生产水平。高校与其档案事业，也是密不可分的。档案可以见证高校的发展，印证高校的文化以及考证高校的历史。

百年暨南，声教四海。自1906年始创于南京，继而崛起、兴盛于上海，最终扎根于南粤大地，暨南大学已经走过了110多年。在这一个多世纪的奋斗历程中，暨南大学形成了特色鲜明、严谨求实、开拓进取的办学风格，沉淀了深厚博大的暨南文化，铸就了影响深远的暨南精神。暨南文化和暨南精神的内涵非常丰富，记载以及体现这些丰富内涵便是档案的使命所在。一个走过百余年历史的名校，留下了“忠信笃敬、知行合一、自强不息、和而不同”的暨南精神，形成了悠久厚重的暨南文化。做好档案工作，这些暨南精神和暨南文化便有迹可循，否则就是空口无凭。

做好档案工作，首先要了解档案知识，认识档案工作中不可分割的各个环节。遵循法规、按照流程来对暨南大学各个门类的档案进行收集、整理、利用与保护，才能发挥档案的最大价值。为此，我们编写了这套《暨南大学档案普及知识》，力求按照认识档案的一般方法带大家了解档案知识和档案工作。本套书共 5 册，分别为《档案认识》《档案收集》《档案整理》《档案服务与利用》以及《档案保护》。为了增强趣味性、可读性，我们尽量使用言简意赅的语言，并搭配了丰富多彩的图片。

我们期待，通过这套书的推广与传播，能够激发更多人对档案工作的兴趣与热情，让更多的人参与到档案的保护与利用中来。我们更期待，通过档案的普及与传承，能够让暨南大学的历史与文化得到更好的弘扬与发展，为学校的未来发展注入新的活力与智慧。

**暨南大学档案馆**

2024 年 4 月

档案一般是指人们在各项社会活动中直接形成的各种形式的具有保存价值的原始记录。原始记录性是它的本质属性。

档案的形式多种多样：从载体来看，有甲骨、金石、缣帛、简册、纸质、电子等；从制作手段来看，有刀刻、笔写、印刷、复制、摄影、录音、摄像等；从表现方式来看，有文字、图表、声像等。

从 20 世纪 50 年代起，中国档案学界就一直在不断地探讨档案的定义。直到《中华人民共和国档案法》诞生，中国档案学界才对档案的定义有了一个比较一致的认识基础，《中华人民共和国档案法》于 1987 年 9 月 5 日公布，1988 年 1 月 1 日开始实施。该法称：“档案是指过去和现在的国家机构、社会组织以及个人从事政治、军事、经济、科学、技术、文化、宗教等活动直接形成的对国家和社会有保存价值的各种文字、图表、声像等不同形式的历史记录。”

本书从档案概念开始，介绍了档案的历史沿革和未来发展、各地档案馆和一些常见的档案用具，还介绍了《高等学校档案管理办法》，以及一些趣味知识，比如“兰台”一词的由来、国际档案日的来历、档案之最，以期让大家从各个方面对档案以及档案工作有一定的认识。

# 目录

Contents

档案认识

# 第一章
# 档案的概念

# 一、档案工作基本概念

（1）档案的一般概念：国家机构、社会组织或个人在社会活动中直接形成的有价值的各种形式的历史记录。

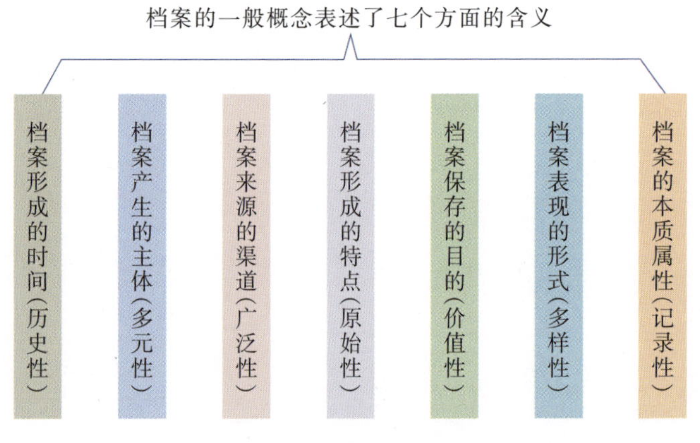


图 1－1　档案的一般概念

（2）档案价值：档案对国家机构、社会组织或个人的有用性。

（3）档案工作：管理档案和档案事业的活动。

（4）档案学：研究档案的形成规律、性质、特点以及档案工作方法与发展规律的科学。

（5）档案管理：档案的收集、整理、保管、鉴定、统计和提供利用等活动。

（6）公共档案：国家机构或其他公共组织在公务活动

中形成的为社会所有的档案。

（7）私人档案：私人或私人组织在社会活动中形成的为私人所有的档案。

（8）文书档案：反映党务、行政管理等活动的档案。

（9）科学技术档案：反映科学技术研究、生产、基本建设等活动的档案。

（10）专业档案：反映专门领域活动的档案。

（11）音像档案：记录声音或影像的档案，包括照片、影片、录音带、录像带等。

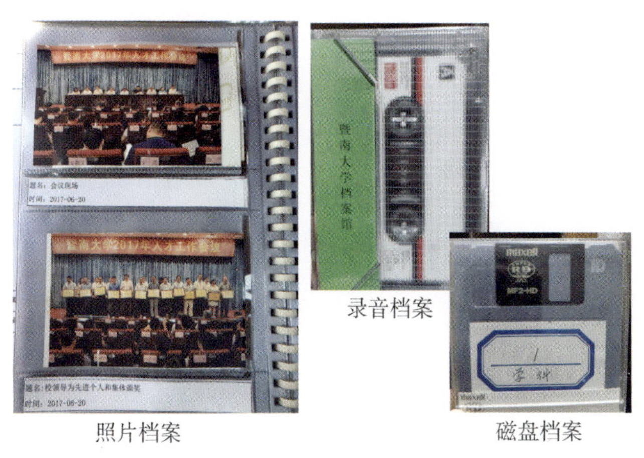


照片档案　录音档案　磁盘档案

**图 1-2　音像档案**

（12）文件：国家机构、社会组织或个人在履行其法定职责或处理事务中形成的各种形式的信息记录。

（13）电子文件：以数码形式记录于磁带、磁盘、光盘等载体，依赖计算机系统阅读、处理并可在通信网络上传输的文件。

（14）原件：最初产生的区别于复制件的原始文件。

（15）复印件：与原件内容相同的复制品。

（16）文稿：文件起草过程中形成的历次稿件，可分为草稿和定稿两种。

（17）文本：同一文件由于作用不同而形成不同的版本，可分为正本、副本、试行本、修订本，各种文字文本等。

（18）正本：有规范格式和生效标志的正式文本。

（19）副本：再现正本内容和形式特征的复本，备存查和通知有关方面之用。

（20）手稿：由作者用手写或打字等方式制作的原稿。

（21）文种：按性质和用途确定的文件种类的名称。

（22）档案主管部门：具有政府行政管理职能的档案事业管理机构。

（23）档案室：国家机构、企事业单位或其他社会组织内部设置的集中管理本单位档案的专门机构。

（24）档案馆：集中管理特定范围档案的专门机构。

（25）综合档案馆：按照行政区划或历史时期设置的管理规定范围内多种门类档案的具有文化事业机构性质的档案馆。

（26）专业档案馆：专业主管部门设置的管理本部门及其直属机构档案的档案馆。

（27）企业档案馆：企业设置的管理本企业档案的档案馆。

（28）事业单位档案馆：事业单位设置的管理本单位档案的档案馆。

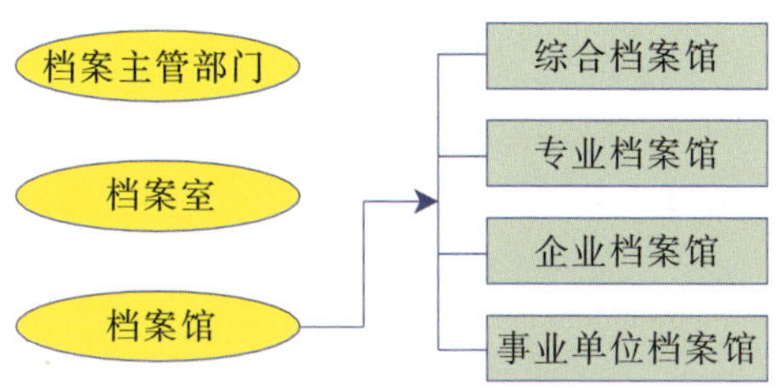


图 1－3　档案部门设置

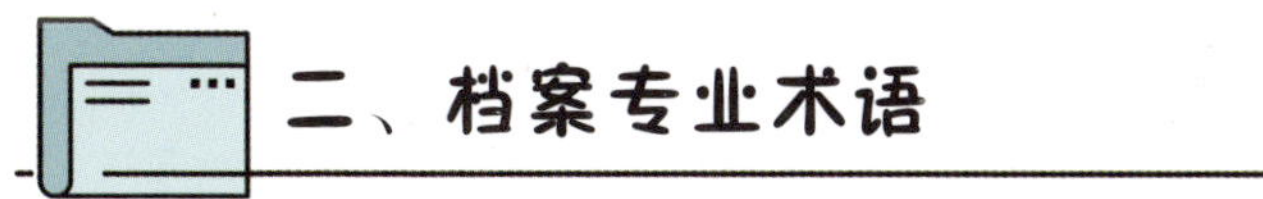

## 二、档案专业术语

（1）案卷：由互有联系的若干文件组合成的档案保管单位。

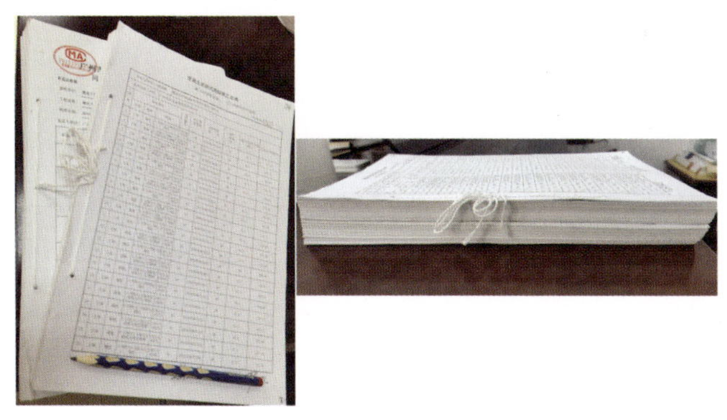

图 1－4　案卷示例

（2）编研：档案部门根据馆藏档案和社会需求，在研究档案内容的基础上，编写参考资料、汇编档案文件、参与编史修志、撰写论文专著。

（3）全宗：一个国家机构、社会组织或个人形成的具有有机联系的档案整体。

（4）立卷：将若干文件按形成规律和有机联系组成案卷的过程。

（5）卷内备考表：卷内文件状况的记录单，排列在卷内文件之后。

（6）档号：以字符形式赋予档案实体的用以固定和反映档案排列顺序的一组代码。

**图1－5　案卷封面（左）、档号（中）和卷内备考表（右）**

（7）编目：按照一定的规则进行档案著录并将条目组织成目录的过程。

（8）条目：反映文件或案卷内容与形式特征的著录项

目的组合。

（9）著录：对档案内容和形式特征等进行分析、选择和记录的过程。

（10）标引：对档案内容进行主题分析，赋予检索标识的过程。

（11）索引：指明档案或目录的某种特征，以一定次序编排并注明相应出处的档案检索工具。

（12）密级：档案文件保密程度的等级。

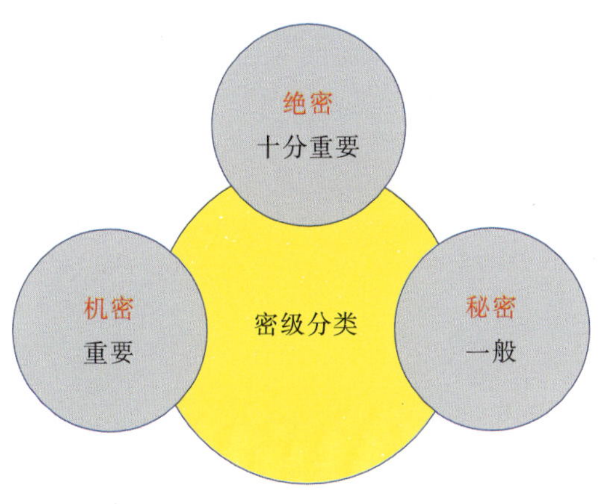


**图 1－6　密级的分类**

（13）档案接收：档案机构或档案管理人员按照国家规定接收所管辖范围内形成的档案与资料。

（14）档案征集：档案机构根据档案行政管理部门的委托或授权，为公共利益的需要，依照法律规定的条件，对集体或个人所有的档案实行代为保管、收购或者征购、捐赠。

（15）档案整理：档案馆或档案室对档案进行分类、排列、编目和编号的一项具体档案管理工作，包括档案分类方案的拟订、案卷的归类排列、编目和编号。

（16）档案鉴定：档案馆或档案室和档案管理人员按照一定的原则、规定和方法，判定档案的价值，审定档案的保管期限，处理剔除不再保存档案的一项具体档案管理业务工作，是档案管理工作中的一个重要环节。

（17）档案统计：运用统计学原理，以表册、指标数字等形式揭示档案和档案工作的有关情况及其发展规律的一项档案业务工作。

（18）档案保管：采用专门的技术手段和科学的管理措施，维护档案的完整与安全，延长档案寿命的一项重要的档案管理业务工作。

图 1－7　暨南大学档案馆组织编研的相关编研材料和专题材料

（19）编纂：按照一定的题目、体例和方法编辑档案文献的活动。

（20）大事记：按照时间顺序简要记述一定范围内发生的重大事件、重要活动的一种档案参考资料。

（21）组织沿革：系统记述一个机构（地区、行业）的体制、职能等基本状况变迁过程的一种档案参考资料。

（22）高等学校档案：高等学校在教学、科研、党政管理和其他各项活动中直接形成的具有保存价值的文字、图表、声像等不同载体的文件材料。

第二章

# 档案的历史沿革

## 一、“兰台”一词的由来

兰台，最早是战国时期楚国的台名，是四千多年前楚人先祖为抗御洪水夯筑的高台。春秋战国时期，兰台上宫殿辉煌，史称“兰台之宫”，是强大楚国的文化中心。汉朝时，皇宫内建有藏书的石室，并将其作为中央档案典籍库，将其命名为兰台，由御史中丞管辖，置兰台令史，史官在此修史。后人从此引申，宫廷内的典籍收藏府库、御史台和史官都曾被称为兰台。其实在汉代，收集文书典籍的实物机构也并非一直都只有兰台。东汉时“东观”才是收集档案典籍最为集中的处所，是汉代文化学术活动和学者的荟萃之地。《后汉书 · 和帝纪》中记载和帝屡次到东观“览书林，阅篇籍”，当时众多知名学者如马融、高彪等人都曾在东观任职，撰史修书。此外，延阁、广内、密室都是汉代宫内存放图书档案的殿阁或府库。唐朝时，秘书省在唐高宗龙朔年间改称兰台，唐睿宗光宅年间改称麟台，唐中宗神龙年间又改回秘书省。除秘书省外，唐朝还有专门管理人事档案的甲库。宋代设立了专管皇帝档案的龙图阁以及全国各级机关的专职档案机构架阁库；在元明两朝则大大完善了架阁库的设置；而在清代，则设置了实录馆、玉牒馆、国史馆等。

既然有如此之多与档案库房相关的名称，为何偏偏兰台最被人熟知呢？首先，“兰台”作为具有档案典藏作用的藏书阁出现时间最早，而彼时又处于国力鼎盛的汉代，自然给人留下更为深刻的印象；其次，有研究者考证提出

“汉代藏书处被称为‘兰台’，即是由于当时普遍用兰草防蠹而得名的”，这说明“兰台”不仅是一个存储机构，至少还包含了档案保护这一内涵，这使学界对其关注度更高。另外，《辞海》称：兰草即泽兰。兰生于深山穷谷，侧面体现出兰草的珍贵与独特。兰草身上所体现的清净、高洁恰好与古代史官所追求的“秉笔直书”有暗合之意，后世也受到读书人的认同。久而久之，“兰台”一词普遍得到档案界的认同。

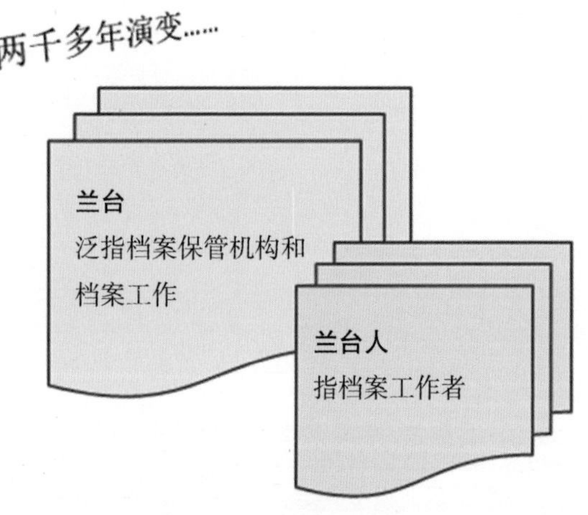


**图 2－1　兰台和兰台人**

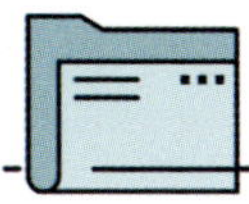

## 二、档案的起源和产生

档案的起源和产生是一个非常漫长的历史过程，档案起源于人类早期的原始记事，是人类认识世界、改造世界的原始记录，是社会生产力发展到一定阶段的产物。档案的起源和产生有一个从萌芽开始逐渐发展的过程。

### 1. 档案的起源和发展

早在170万年以前，地球上就有远古人类的活动，在我国的云南省元谋、陕西省蓝田、北京市周口店等都发现了原始人类的遗迹。在文字没有产生的远古时期，人们通过口耳相传的方式传播史实，以口相授，彼此相告，代代相传。但口耳相传的史实容易失真，因此当人类社会继续向前发展时，人类开始以实物辅助记忆。

结绳记事是最原始的记事方法，是指用不同粗细的绳子，在上面结成不同距离的结，结有大有小，每种结法、距离大小以及绳子粗细表示不同的意思，由专人按照一定的规则记录。

刻契记事比结绳记事又向前发展了一大步，是在木板、骨片或玉片上刻上符号用以记事，所刻之物称为契，从契上的符号可以看到后来文字的源头。

结绳、刻契等记事方法比口耳相传有了很大的进步，代替了部分语言，在一定范围内有约定俗成的作用，可以进行保存、传递，但是它们有很大的局限性，还不能够表达确切、完整、抽象的含义。因此，这一阶段的档案还不属于真正意义上的档案，只是档案的原始萌芽。

随着人类社会生产力的发展，人们在社会交往中的活动越来越多，记事和表达思想的要求越来越强烈，产生记事的手段和途径越来越多。符号记事、图画记事等方式相较于萌芽时期的结绳、刻契，能够表达的含义大大增加，但是它们毕竟还只是标记和符号，只能帮助人们唤起对某些具体事务的记忆，不具备成为普遍的社会交往工具的要求，还不能称为真正意义上的档案，因此我们称之为发生发展阶段的档案。

原始社会末期，人类的生产力进一步向前发展，剩余产品出现，私有制度形成，而后出现了阶级和国家。国家的管辖范围不断扩大，管理活动不断增多，上传下达需要文书，作为社会管控工具的文书大量出现，经保存之后成为文书档案。从时间上讲，档案产生于原始氏族公社末期，我国的黄帝时期正是原始氏族公社的末期。《人民日报》（1987 年 8 月 31 日）报道，根据考古发现，商代的甲骨文并不是中国最早的文字，汉字出现于黄帝时代及夏代初期。考古学家的这一发现说明此时期文书档案产生的条件已经具备，在当时已经产生了档案。这一时期可称为档案的产生与形成阶段。

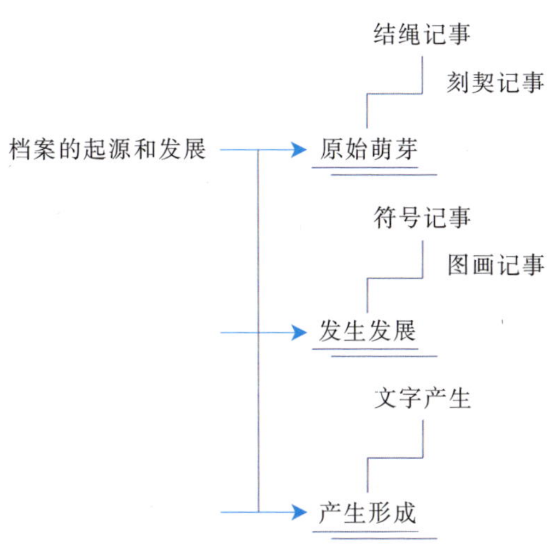


**图 2－2 档案的起源和发展**

文字出现后，产生了国家。为了适应公务管理和记载事务的需要，产生了比较有条理的公务文书。随着文书的产生和使用，最初的档案和档案工作就形成了。殷商的甲骨刻辞中有殷官职的记载，在金文档案中还发现了商王对官员的册命、诰命、赏赐等记述。这是目前所知最早的人事档案。

秦汉时期，官员任免权集中在皇帝手中，形成了各种不同的官吏名籍和官籍。在人才选拔的过程中形成了“令甲”“功令状”“铁券”考课和画像等不同种类的内容和人事档案。汉高祖刘邦在起义时，为官兵建立个人册籍，记录官兵功过。西汉建立后，选拔人才时重视积累被选人经历、德才的资料。被选人要详细登记“行”“义”“年”并报送相国府。这种详细登记选拔对象个人经历、品行、年龄、相貌等的材料，是我国最早的人事档案。

唐朝时入仕的官员都要将名籍、履历、考绩、授官、政绩等情况详细记录归档，这种档案叫作“甲历”，也称为“官甲”或“甲敕”。唐朝时建有甲库，专门保管甲历，这是我国最早的、专门的人事档案库。唐朝时还建立了甲历副本和分库保管的制度，其中规定对甲历常加监察这一点对现在仍有重要的借鉴意义。

元代在考核官员时建立了“考功历制度”，就是给每一级的官吏都印纸卷子一卷，写明姓名出身，调动时由上级官员注明任职时间，记载功过，吏部据此定官职。这种“考功历”与现在的履历表十分相似。

清末，照片开始作为人事档案的一部分归档，内阁派遣官员开始用照片核对。人事档案的内容和制作材料又有了新的发展。

### 2. 档案名称的由来

我国的档案有着悠久的历史，但“档案”这个称谓，是较晚才出现的。在商代，档案被称为“册”，甲骨文中就有“册”字，是连接简牍的象形字。周代将档案称为“中”，“中”意为官署之簿书。到秦汉时，档案又被称为“典籍”。汉魏以后将档案叫作“文书”“文案”。唐宋以后将档案叫作“文卷”“案卷”“案牍”。“档案”这个词真正出现，其实是在明末清初。清军入关后改木片为纸质文件，但仍沿用过去习惯称其为“档子”，而原来纸质文件名称叫作“案”。如此，将档案办理完毕后保存起来的纸质文件称为“档案”。“档案”一词源出于此，一直沿用至今。

据史料记载，“档案”最早出现于明末清初，到了顺治十八年（1661），官府文书中已使用“档案”一词；康熙十九年（1680）的《起居注》中有“部中无档案”的记载。康熙四十六年（1707），杨宾的《柳边纪略》对“档案”一词的来历和含义作了详细说明：“边外文字，多书于木，往来传递者曰牌子，以削木片若牌故也；存储年久者曰档案，以积累多贯皮条挂壁若档故也。然今文字之书于纸者，亦呼为牌子、档子矣。”但有学者对此提出不同观点，认为康熙十四年（1675）汪琬在《钝翁类稿》中记述的“档子”才是最早对档案的解释。①

另外，英文 archive，意为“档案”。复数 archives 是指公文保管处、档案处。据考证，“archive”一词最早来源于古希腊文 APXEIÓV。希腊多将官署机构设在神庙内，元老院设在战神阿瑞斯（Ares）神庙内，因此衍生出 APXEIÓV 一词，意思是“官署所在地”，后来这一词语演变为专指档案机构及其保存的档案。古代罗马的拉丁字母基本由希腊字母演变而来，因此，希腊文的 APXEIÓV 在拉丁文中演变为 ARCHIVUM。拉丁文是英语、法语、德语、意大利语等拉丁语系的起源，因此不少西方语种中的“档案”一词具有相同的词根，发音也十分接近。从外文“档案”词源的演变来看，最早的“档案”由于是与“官署”密切相连而衍生的一个概念，所以档案被视为“权力”的象征。

① 丁海斌，丁思聪．谈清代笔记中所记载的“档案”“档子”“档册”——兼论《柳边纪略》之误［J］．档案管理，2018（2）：33－36.

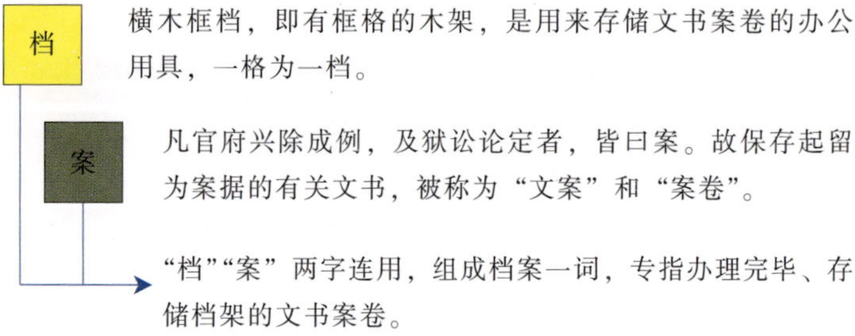

档

横木框档，即有框格的木架，是用来存储文书案卷的办公用具，一格为一档。

凡官府兴除成例，及狱讼论定者，皆曰案。故保存起留为案据的有关文书，被称为“文案”和“案卷”。

“档”“案”两字连用，组成档案一词，专指办理完毕、存储档架的文书案卷。

**图 2－3 “档案”一词的释义**

### 3. 档案载体的历史沿革

档案是人类历史最重要的载体之一，它通过自己的记载，向后人揭示历史的真相，而档案本身也不断发生着变化。

（1）甲骨档案。

甲骨档案是我国现存历史档案中年代最久远的，出土数量达 15 万片以上。甲骨档案主要产生于商代后期（约公元前 14 世纪—前 11 世纪）的占卜活动中，是现存最早的中国古代档案。甲骨档案的文字多用铜刀或石刀刻在坚硬的龟甲兽骨上，少数甲骨档案使用毛笔书写。甲骨文字大者径逾半寸，小者细如芝麻，篆刻得规整美观。甲骨档案的内容相当丰富，记载了商王朝的许多事迹，反映了王令、臣仆、巡游、征战、犁田、渔猎、天象、医药等各方面情况，这些档案集中保存于宗庙所在地，由史官专司管理，大体上按朝代排列。许多甲骨片上还有顺序编号，有的上端还有一个穿孔，可能是某些甲骨还要穿扎成册保存。甲骨档案制成材料之特殊，年代之远，数量之多，从世界范围来看也是绝无仅有的。

（2）金文档案。

金文档案是继甲骨档案后又一种珍贵的历史档案。青铜器上铭文铸字在商朝就已出现，到了西周，中国的青铜器进入极盛时期，此时刻于青铜器上的文字增多，记事广泛，具有了书史的性质。金文的内容是关于当时祀典、赐命、诏书、征战、围猎、盟约等活动或事件的记录，都反映了当时的社会生活。古代先民将金属统称为“金”，将刻于青铜器上的文字称作“金文”或“铭文”，具有书史记事特点的青铜器铭文就被称为“金文档案”。从出土的金文档案的记事范围看，它比甲骨档案更为广泛而详细，对研究当时的历史具有极其重要的史料价值。

据研究，从铭文的出现到金文档案的形成大致可分为三个阶段：第一阶段是从商代后期到西周早期，这是金文档案的初起阶段。商代后期的青铜器常见有铸铭，多为私人图记之类或对器主族氏的标记，铭文作为青铜器物的附庸，大多铸在器物底部。第二阶段是进入西周时期，这时铸造技术日趋完善，青铜器数量增多，为丰富金文档案提供了更多的可能，这一阶段是金文档案的发展成熟阶段。铸器由原来的“使用”目的变为专为铸文而作。“因文而见器，藉器以传文”就是指铸造青铜器的主要用途已转变为记录信息，青铜器成为一种记事材料。此时期的青铜器已经成为一种档案载体。第三阶段则是春秋战国时期，金文档案逐渐衰微直至终结。这是因为春秋战国时期社会生产力逐步提高，青铜铸造工艺不断发展和革新，使得青铜器在数量上急剧增多，逐步成为平常百姓的生活用器。

（3）缣帛档案。

中国是丝绸的故乡，缣帛档案自然也占有一席之地。缣帛档案是中国古代以丝织物为载体的公私文书。随着丝织业的发展，战国时期已开始将缣帛作为书写材料，秦汉时使用更多。缣帛档案最早发现于1942年被盗掘的长沙子弹库战国楚坟墓，该档案既有文字又有图画，但原件已流失国外。缣帛作为书写材料有许多优点：一是质地轻软，可以随意折叠和舒卷，便于查阅、传递和保管；二是体积小、容量大、幅面的大小可根据文字的多少灵活剪裁；三是表面平滑洁白，容易着墨，书写清晰；四是缣帛的纤维伸张力强，在水中膨胀性极小，易于保存。缺点是其价格昂贵，无法普及使用。此外，缣帛档案的收藏形式有卷轴式和折叠式两种。到了魏晋南北朝，随着纸张的广泛应用，缣帛的使用量锐减。但是封建王朝的一些重要文书仍用丝织品书写。直到清代，朝廷颁授文武官员的诰命、敕命等封赠文书还在使用绫锦。

（4）简牍档案。

简牍档案是指中国古代以竹木为载体而形成的文字材料。“简”由竹或木加工而成，通常是削成长条形，将写字的一面磨光。“牍”是指方形木片，又被称为木牍、木札、木简，多用来书写契约、医方、历谱、过所（通行证）、书信等，主要用于一般公务文书。“策”是指若干片“简”编联在一起，用于书写国家重大政事和典籍。从现存史籍看，由于纸张出现之前，竹片、木片多用作书写材料，文书档案常被称作“册”“典”“中”“简册”“简牍”“典籍”等。中国古代纸张出现以前，简牍曾是一种主要的书写材料，最早约产生于先秦，历经春秋战国、秦汉，直至东晋末年纸张普遍应用后才基本绝迹。简牍的原材料多是竹木，取材容易，人们为了可以更加方便书写，在取得竹木之后都会对之进行必要的加工，将其烘干，这样最后得到的简牍不仅易于书写，而且还不易被虫蛀，更加便于传递、保存、阅读。简牍还可以多片连接成较大的篇幅，从而可以书写更多的内容，容纳更多的信息。

（5）石刻档案。

树碑立传的传统习俗，使中国古代石刻档案的遗存多姿多彩，浩如烟海。早在先秦时期，人们就开始用石材作为记事材料。到了秦朝，石刻不仅形制扩大，且数量增多，内容广泛。此时的刻石完全具有了档案的性质。石刻档案自秦代大兴后，历代都把刻石作为发布政策、记载国政大事的最好的传世材料。这是因为刻石取材容易，传世久远，便于保存，弥补了青铜器需要铸造、容易腐蚀、容字有限之不足。与甲骨、金文、简牍档案不同的是，这三者因时代进步而逐渐作古，只有石刻档案至今仍有其生命力。

（6）纸质档案和电子档案。

我国档案载体从纸质档案起发生了重大变革，纸张取代了简牍，成为国家正式书写材料，一直沿用至今。

纸张是中国古代四大发明之一，公元 2 世纪后，纸张逐渐在中国内地广为使用。1986 年在甘肃天水放马滩一座西汉墓中，出土了约公元前 179—150 年的纸质地图残片，这是目前所知世界上最早的纸质档案。纸张成为档案的载体至今已有1 600多年的历史，其寿命的无可比拟性与独具的魅力使其在人类漫长的信息记载、传递和保存的过程中一直占据主导地位。历史上就有“千年寿纸，五百年卷”之说。纸的发明使文字的书写变得简便易行，它克服了简牍笨重不易书写、缣帛昂贵的缺点，到了公元3、4世纪已基本取代缣帛，成为国家主要的书写材料，极大促进了文化的传播和交流。

进入工业社会以后，声像档案开始出现，如照片、影片、唱片、录音带和录像带等。

20世纪中期以后，档案载体又发生了革命性的变化，产生了以代码形式记录在软盘光盘、硬盘等载体上，依赖计算机系统存取并可在通信网络上传输的电子文件这些具有保存价值的已归档的电子文件及相应的支持软件，和其他相关数据被称为电子档案。

电子档案的产生，是档案领域最剧烈的一次变革，它直接影响着档案工作的运作方式、基本理论乃至思维观念。电子档案储存更方便，不易损坏，便于管理，同时可储存声音图像。另外，随着时代发展，档案越来越复杂，电子档案更易于检索管理。

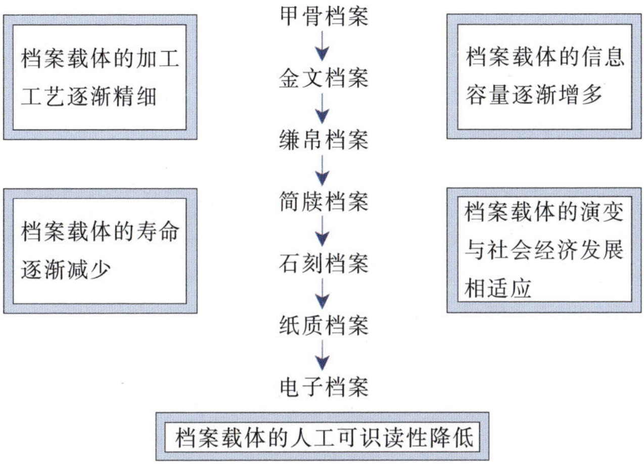

档案载体的加工工艺逐渐精细

档案载体的寿命逐渐减少

甲骨档案
↓
金文档案
↓
缣帛档案
↓
简牍档案
↓
石刻档案
↓
纸质档案
↓
电子档案

档案载体的信息容量逐渐增多

档案载体的演变与社会经济发展相适应

档案载体的人工可识读性降低

**图2－4　档案载体的历史沿革**

# 第三章

# 档案的未来发展

### （一）档案工作脱离纸质出现更多载体

档案的载体经历了甲骨、金石、缣帛、简牍、纸张的变化，这和当时的时代背景息息相关。进入工业社会后，逐渐兴起了音像档案。现在，随着信息时代的到来，产生了电子档案。电子档案以软盘、光盘、硬盘等移动储存装置为载体，依靠计算机系统读取并传播。在当今世界，社会信息进一步扩大，同时随着环保观念兴起，电子档案逐渐成为档案储存的主要形式。

### （二）档案工作云存储、云分享

纸质档案难以共享，在搬运转移的过程中可能会出现损坏。如今电子档案成为发展趋势，档案电子化通过云储存，进而做到各地档案云共享。将档案云端化，更加便于储存。云存储相当于电子档案的备份管理，通过云端可找回丢失的档案，这对于档案馆来说算是双重保险。同时，在网络上修改文件比起在纸质上修改更加容易留下痕迹。对档案进行云存储必然会留下痕迹，假如档案出现问题，根据修改痕迹，利用云存储与本地存储档案进行对比，更容易查明问题所在，从而增强档案的安全性、真实性。档案的云端化有利于档案在各个档案管理机构之间的传递共享。无论一个人在世界的任何地方，他都可以在当地档案机构的授权下获得自己的个人档案。同理，大批量的档案信息也可在云端快速复制传递，又不会有纸质档案转移时的损坏遗失风险。

### （三）档案管理工作自动化

随着档案工作的电子化趋势，档案管理的自动化也在逐渐发展。档案电子化之后，其容量和可靠性都得到了扩展与提升。电子化的档案更加依托计算机进行管理，这样就便于实现运用计算机对档案的自动化管理，无须大量人力。为了使档案管理机构跟上社会发展的脚步，使管理工作更加高速准确地进行，实现计算机电子档案管理是必然选择。

档案管理自动化的优势有如下几点：首先，档案管理自动化可以提高工作效率。计算机具有人类无法比拟的高速处理信息能力，在档案查找、档案收录等方面比起人工管理具有巨大优势。现今社会是效率至上的社会，提高档案管理查找的效率是社会普遍的需要。其次，档案管理自动化可以减小误差，提高档案的可信性。档案作为最原始的记录资料，一旦出现记录失误，将会带来十分严重的后果。依靠人工进行管理，在大量重复性工作中，可能会出现失误，很多档案漏装、档案丢失都是源于人工的失误。通过计算机进行自动化管理则很少出现这类问题，档案管理自动化不仅能提升效率，还能保证管理的质量，降低失误率。最后，档案管理的自动化，可以节约人工成本，降低管理成本。

### （四）档案工作更加保密

档案工作的电子化、网络化，固然给档案管理和人们的使用带来便利，但同时网络信息安全问题也是不可忽视的。近年来，各大网站的数据库泄露，用户信息被盗取等新闻频频见报，使得人们对自己的信息安全产生了疑虑，档案工作要想进一步电子化、信息化，就必须做好档案信息的保密工作，保障信息的安全性。首先，档案工作人员要参加相应的培训，提高在网络时代的档案安全意识，提高个人职业素养，从人的角度做到信息保密；其次，要做好信息保护的升级工作，可以通过局域网等方式加强网络安全，使得外来电脑无法连入局域网泄露信息；最后，安全保卫永远在路上，要加强对网络安全的研究，把握时代新方向，时刻关注网络安全的新信息并展开研究，积极探索更新的网络安全技术，保卫档案信息的安全。

# 第四章 全国档案馆情况摘要及部分档案馆介绍

# 一、全国档案馆情况摘要[①]

## （一）档案机构情况

截至2021年底，全国共有各级档案主管部门3 132个。其中，中央级1个，省（区、市）级31个，副省级16个，地（市、州、盟）级406个，县（区、旗、市）级2 678个。

全国共有各级各类档案馆4 136个。其中，国家综合档案馆3 320个，国家专门档案馆256个，部门档案馆130个，企业档案馆118个，省、部属事业单位档案馆312个。

## （二）档案人员数量和年龄情况

各级档案主管部门和综合档案馆共有专职人员41 393人，其中，中央级642人，省（区、市）级3 359人，副省级979人，地（市、州、盟）级8 804人，县（区、旗、市）级27 609人。在这些专职人员中，50岁及以上的有13 025人，约占31.5%；35～49岁的有20 761人，约占50.1%；34岁及以下的有7 607人，约占18.4%。（如图4－1所示）

① 相关数据来源于国家档案局官网。

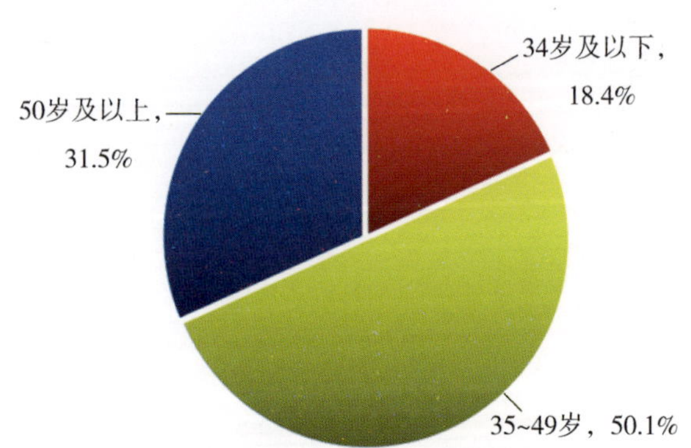


图 4－1　全国档案人员数量及年龄情况

### （三）档案人员文化程度

各级档案主管部门和综合档案馆现有专职人员中，博士研究生 108 人，约占总人数的 0.3%；硕士研究生 2 672 人，约占总人数的 6.5%；研究生班研究生 1 116 人，约占总人数的 2.7%；双学士 378 人，约占总人数的 0.9%；大学本科学历 27 512 人，约占总人数的 66.5%；大专学历 8 410 人，约占总人数的 20.3%；高中（含中专）及以下学历 1 197 人，约占总人数的 2.9%。（如图 4－2 所示）

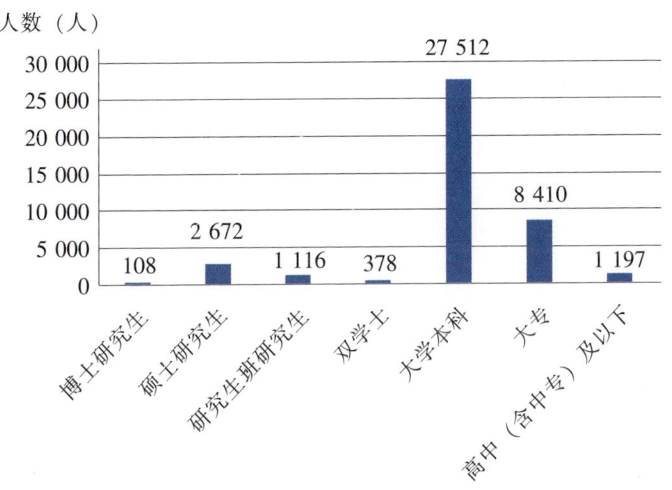


**图 4－2　全国档案人员文化程度**

## （四）档案馆基本建设和设施设备情况

截至 2021 年底，全国各级国家综合档案馆总建筑面积 1 410. 8 万平方米。其中，中央级 20. 3 万平方米，省（区、市）级 132. 1 万平方米，副省级 44. 2 万平方米，地（市、州、盟）级 321. 3 万平方米，县（区、旗、市）级 892. 9 万平方米。全国各级国家综合档案馆档案库房建筑面积 534. 9 万平方米，对外服务用房建筑面积 167. 1 万平方米。

截至 2021 年底，通过省级及以上档案主管部门认证的数字档案馆有 307 个。

## 二、全国开展档案学专业教育的院校

据教育部高等学校档案学专业教学指导委员会的公示，全国共有38所院校开展档案学专业教育，其中开展档案学专业本科教育的院校有33所，如表4－1所示：

表4－1 全国开展档案学专业教育的院校

| 地区 | 高校 | 院系 |
|---|---|---|
| 北京 | 中国人民大学 | 信息资源管理学院 |
| | 北京联合大学 | 应用文理学院 |
| 天津 | 南开大学 | 商学院 |
| | 天津师范大学 | 管理学院 |
| 河北 | 河北大学 | 管理学院 |
| 内蒙古 | 呼和浩特民族学院 | 管理系 |
| 辽宁 | 辽宁大学 | 信息资源管理学院 |
| | 辽宁科技学院 | 管理学院 |
| 吉林 | 吉林大学 | 管理学院 |
| 黑龙江 | 黑龙江大学 | 信息管理学院 |
| 上海 | 上海大学 | 图书情报档案学系 |
| | 上海师范大学 | 人文与传播学院 |
| | 中国人民解放军国防大学 | 政治学院（无本科） |
| | 华东师范大学 | 工商管理学院（无本科） |

（续上表）

| 地区 | 高校 | 院系 |
|---|---|---|
| 江苏 | 南京大学 | 信息管理学院 |
| | 苏州大学 | 社会学院 |
| | 扬州大学 | 社会发展学院 |
| | 盐城师范学院 | 公共管理学院 |
| 浙江 | 浙江大学 | 公共管理学院（无本科） |
| 安徽 | 安徽大学 | 管理学院 |
| 福建 | 福建师范大学 | 社会历史学院 |
| 江西 | 南昌大学 | 人文学院 |
| 山东 | 山东大学 | 历史文化学院 |
| 河南 | 郑州大学 | 信息管理学院 |
| | 郑州航空工业管理学院 | 信息科学学院 |
| 湖北 | 武汉大学 | 信息管理学院 |
| | 湖北大学 | 历史文化学院 |
| | 华中师范大学 | 信息管理学院（无本科） |
| 湖南 | 湘潭大学 | 公共管理学院 |
| 广东 | 中山大学 | 资讯管理学院 |
| | 韩山师范学院 | 历史文化学院 |
| 广西 | 广西民族大学 | 管理学院 |
| 重庆 | 西南大学 | 计算机与信息科学学院（无本科） |
| 四川 | 四川大学 | 公共管理学院 |
| 贵州 | 贵州师范学院 | 历史与档案学院 |

（续上表）

| 地区 | 高校 | 院系 |
|---|---|---|
| 云南 | 云南大学 | 历史与档案学院 |
| 西藏 | 西藏民族大学 | 管理学院 |
| 陕西 | 西北大学 | 公共管理学院 |

注：资料来源于“兰台之家”公众号。

## 三、部分档案馆介绍

### （一）暨南大学档案馆

暨南大学档案馆位于广东省广州市天河区黄埔大道西601号暨南大学校本部内。1986年学校成立综合档案室。2008年档案室升格为档案馆。2009年6月，档案馆搬迁至蔡冠深博物馆楼。截至2023年，档案馆总面积1 771平方米，总库房（使用）面积1 181平方米，办公用房面积162平方米。档案馆办公地点在四楼，库房分别设在二、三、四楼。根据国家有关法规，结合学校的实际情况暨南大学档案馆档案实体共划分为十六大类档案，即党群类（代号DQ）、行政类（代号XZ）、学生类（代号XD）、专题类（代号ZT）、教学类（代号JX）、科研类（代号KY）、产品类（代号CP）、基建类（代号JJ）、设备类（代号SB）、出版类（代号CB）、外事类（代号WS）、财会类（代号CK）、声像类（代号SX）、实物类（代号SW）、校史类

（代号 XS）、已故类（代号 YG）。截至 2021 年，档案馆全部档案案卷 198 776 卷又 45 079 件。

图 4－3　暨南大学档案馆

### （二）深圳大学档案馆

深圳大学档案馆位于深圳大学粤海校区，2017 年搬入档案馆新楼，大楼外观以印章为设计理念，正墙面嵌入深圳大学粤海校区早期地图，双侧面篆刻“岁月如金”，占地面积 3 535 平方米，建筑面积 7 741 平方米。深圳大学档案馆是深圳大学档案利用中心、电子文件中心、档案安全保管基地和校情教育基地，对全校档案信息资源进行优化整合，实现档案信息资源集中管理、实时共享和开发利用。目前设有综合办公室、接收指导室、保管利用室、信息技术室、校史馆及档案编研室、学生档案室等 6 个科室。

2007 年 12 月，深圳大学成立了以校领导为主任的学校档案工作委员会，负责对学校档案工作实行统筹规划、组织协调、监督和指导。学校档案实行部门立卷，形成校领导—档案馆—各学院、职能部门档案工作人员的三级工作网络。

深圳大学档案馆一楼为校史馆，面积 1 279 平方米，于 2020 年 10 月开馆；二楼至五楼为库房、功能用房及办公室。档案馆基础设施完备，查档利用室、档案整理室、数字化处理室、消毒室等功能用房齐全。档案保管条件较为完善，实体库房共 16 个，总面积 2 565 平方米，均安装有恒温恒湿设备，其中 7 个库房已安装共计 2 100 立方米的档案密集架。馆内设有档案专用机房（电子档案库房），存储容量达 1P。

图 4－4　深圳大学档案馆

### （三）惠州市国家档案馆

惠州市国家档案馆是综合性国家档案馆，是永久保管惠州市市直机关、企事业单位及有关人物档案的基地，是全市政治、经济、文化建设及科学研究等各方面工作利用档案资料和现行文件的中心，是中共惠州市委、市政府指定的政府信息公开场所。其根本任务是维护历史真实面貌，集中统一管理市委、市政府各部门及企事业单位档案和可向社会公开发布的现行文件资料，征集非国有组织及个人保管的对国家、社会有价值的档案资料，开展档案寄存服务，向社会提供档案信息和现行文件材料，为社会主义现代化建设服务。

惠州市国家档案馆成立于1988年3月，其前身是惠阳地区档案馆，位于广东省惠州市江北三新南路9号，现有馆库总建筑面积6 300平方米，占地12 000平方米，库房面积3 000平方米，多次获得“广东省档案系统先进集体”光荣称号。

惠州市国家档案馆馆藏的文书档案58 148卷，包括20种专门档案。馆内有特殊载体档案5 311件、名人档案609件、资料12 212册、寄存档案7 550本、现行开放文件5 576件。

图 4－5　惠州市国家档案馆

### （四）博罗县档案馆

博罗县档案馆是综合性国家档案馆。博罗县档案馆成立于 1958 年 10 月 5 日，现档案馆大楼于 1991 年 12 月建成使用，占地 450 平方米，楼高 3 层，总建筑面积 1 056 平方米，其中档案库房建筑面积 756 平方米，2002 年档案馆进行了重新装修。到 2006 年底止，博罗县档案馆馆藏档案共 32 445 卷，排架长度 445.1 米。其中，中华人民共和国成立后的档案 89 个全宗 32 416 卷；中华人民共和国成立前的档案 529 卷，包括民国档案 339 卷、革命历史档案 190 卷。此外，还有声像档案 164 卷，科技档案 107 卷，会计档案 256 卷，专门档案 2 789 卷，地图档案 984 张，实物档案 817 件。馆藏资料 8 956 册。博罗县档案馆于 1994 年 2 月被评定为“省二级”目标管理达标单位，曾获得“广东省档案系统先进集体”“惠州市档案系统先进集体”“博罗县文明单位”等光荣称号。

图 4－6　博罗县档案馆

### （五）汕头侨批文物馆

汕头侨批文物馆创建于 2004 年，是我国首个侨批文物馆。其新馆设在广东省汕头市潮汕历史文化研究中心，于 2013 年开馆，总面积 200 多平方米，位于汕头开埠发源地的外马路 18 号。该馆的装饰富有潮汕乡土特色，拥有先进的电脑储存、检索系统，具有收藏、展示和研究功能。

汕头侨批文物馆已征集到侨批原件近 3 万封、汕头市民邹金盛收藏的侨批复印件 3 万多封、汕头市民麦保尔录制其收藏的近 4 万封侨批的 32 片光盘、泰国许茂春先生珍藏的一些曼谷侨批局老照片；还有送批用的市篮、批袋、水布、纸雨伞等文物以及有关侨批研究的文件、书刊。其中，一封151年前旅居泰国的父亲给在家乡的儿子寄了10块洋元的侨批，成了迄今全国收藏年代最古远的华侨历史文物之一。

图4－7　汕头侨批文物馆

# 第五章

# 常见档案用具

档案用具是各个机关和单位档案管理部门整理和装订储存文件的装具，共分为以下几大类：

（1）档案盒：文书档案盒、照片档案盒、编研材料档案盒等。

（2）档案设备：复印机、标签机、扫描仪、打孔机、除湿机、防磁柜、密码柜、图纸柜、档案柜等。

（3）档案周边用品：各式夹子、防虫防霉剂、梯子、订书机、起订器、切纸机、推车等。

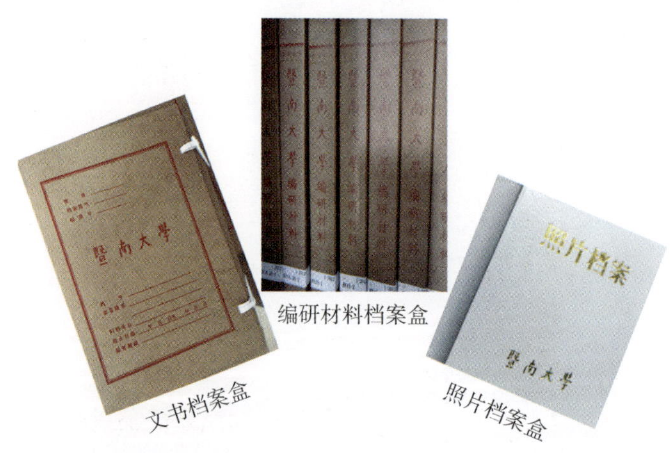


图 5－1　各式档案盒

整体掩门柜

防磁柜

图纸柜

密码柜

图 5－2　各式档案柜

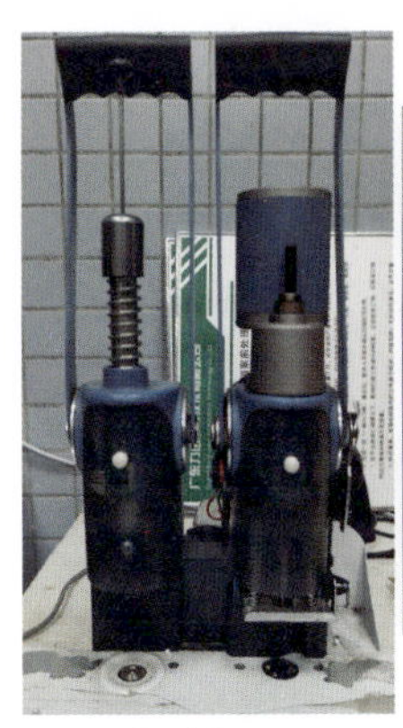
打孔机

打印复印一体机

扫描仪

标签机

图 5－3　其他档案设备

图 5－4　档案配套用品

# 第六章

# 高等学校档案管理办法（节选）

根据档案法和有关规定，教育部和国家档案局制定了《高等学校档案管理办法》，自2008年9月1日起施行。

## 第一章 总 则

**第一条** 为规范高等学校档案工作，提高档案管理水平，有效保护和利用档案，根据《中华人民共和国档案法》及其实施办法，制定本办法。

**第二条** 本办法所称的高等学校档案（以下简称高校档案），是指高等学校从事招生、教学、科研、管理等活动直接形成的对学生、学校和社会有保存价值的各种文字、图表、声像等不同形式、载体的历史记录。

**第三条** 高校档案工作是高等学校重要的基础性工作，学校应当加强管理，将之纳入学校整体发展规划。

**第四条** 国务院教育行政部门主管全国高校档案工作。省、自治区、直辖市人民政府教育行政部门主管本行政区域内高校档案工作。

国家档案行政部门和省、自治区、直辖市人民政府档案行政部门在职责范围内负责对高校档案工作的业务指导、监督和检查。

## 第三章 档案管理

**第十五条** 高等学校应当对纸质档案材料和电子档案材料同步归档。文件材料的归档范围是：

（一）党群类：主要包括高等学校党委、工会、团委、民主党派等组织的各种会议文件、会议记录及纪要；各党群部门的工作计划、总结；上级机关与学校关于党群管理的文件材料。

（二）行政类：主要包括高等学校行政工作的各种会议

文件、会议记录及纪要；上级机关与学校关于人事管理、行政管理的材料。

（三）学生类：主要包括高等学校培养的学历教育学生的高中档案、入学登记表、体检表、学籍档案、奖惩记录、党团组织档案、毕业生登记表等。

（四）教学类：主要包括反映教学管理、教学实践和教学研究等活动的文件材料。按原国家教委、国家档案局发布的《高等学校教学文件材料归档范围》[（87）教办字016号] 的相关规定执行。

（五）科研类：按原国家科委、国家档案局发布的《科学技术研究档案管理暂行规定》（国档发〔1987〕6号）执行。

（六）基本建设类：按国家档案局、原国家计委发布的《基本建设项目档案资料管理暂行规定》（国档发〔1988〕4号）执行。

（七）仪器设备类：主要包括各种国产和国外引进的精密、贵重、稀缺仪器设备（价值在10万元以上）的全套随机技术文件以及在接收、使用、维修和改进工作中产生的文件材料。

（八）产品生产类：主要包括高等学校在产学研过程中形成的文件材料、样品或者样品照片、录像等。

（九）出版物类：主要包括高等学校自行编辑出版的学报、其他学术刊物及本校出版社出版物的审稿单、原稿、样书及出版发行记录等。

（十）外事类：主要包括学校派遣有关人员出席国际会议、出国考察、讲学、合作研究、学习进修的材料；学校聘请的境外专家、教师在教学、科研等活动中形成的材料；学校开展校际交流、中外合作办学、境外办学及管理外国或者港澳台地区专家、教师、国际学生、港澳台学生等的材料；学校授予境外人士名誉职务、学位、称号等的材料。

（十一）财会类：按财政部、国家档案局发布的《会计档案管理办法》（财会字〔1998〕32 号）执行。

高等学校可以根据学校实际情况确定归档范围。归档的档案材料包括纸质、电子、照（胶）片、录像（录音）带等各种载体形式。

## 第四章　档案的利用与公布

**第二十七条**　高校档案机构应当按照国家有关规定公布档案。未经高等学校授权，其他任何组织或者个人无权公布学校档案。

属下列情况之一者，不对外公布：

（一）涉及国家秘密的；

（二）涉及专利或者技术秘密的；

（三）涉及个人隐私的；

（四）档案形成单位规定限制利用的。

# 第七章

# 其他档案小知识

## 一、大学生学籍档案与人事档案

大学生的学籍档案是指参加全国统一考试并被录取的大中专院校学生的档案，它以文字资料的形式记录了学生的高考成绩、在校学习成绩、家庭状况、在校期间表现和奖惩情况等。大学毕业生的人事档案由学籍档案转换而来，是在毕业生毕业后，在其学籍档案中放入该毕业生的报到证，然后由学校将档案转交毕业生就业单位的人事部门或委托的人才交流机构。这时的学籍档案正式成为人事档案，它是通过毕业生与用人单位或委托的人才交流机构签订就业协议，然后履行相关毕业程序并取得报到证后，才得以实现。

学校保存的只是学籍档案，而真正发挥作用的是人事档案，所以同学们需重视自己的档案。

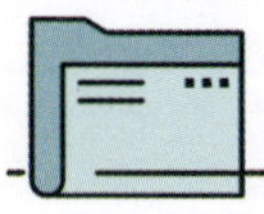

## 二、国际档案日的来历

1948 年 6 月 9 日至 11 日，位于巴黎的联合国教科文组织（UNESCO）召开了一场专家会议，来自世界各国的档案工作者参加了交流，经大家讨论决定成立国际档案理事会（ICA）。会上通过了 ICA 的第一份章程，章程中指出，世界各国的档案工作者应共同努力“为了全人类”保护好档案，开展鉴定并提供利用；档案和文件作为全世界共享的遗产和全人类一样具有同一性。

2007 年 11 月，为了庆祝 2008 年 6 月 9 日 ICA 成立 60 周年，ICA 全体成员在于加拿大魁北克举行的年度全体会议上投票决定，将每年的 6 月 9 日定为国际档案日。

2013 年，中华人民共和国国家档案局决定自 2013 年开始，把每年 6 月 9 日“国际档案日”作为档案部门的宣传活动日。因此中国首个国际档案日为 2013 年 6 月 9 日。

国际档案日作为世界档案界一个盛大节日，为世界的档案工作者推动本国档案事业的发展提供了一个契机，有助于提升档案的地位，改变档案部门和档案专业的形象，让档案界充分发挥作用，从而建立起更大的信心，更好地与社会互动。

图 7－1　暨南大学档案馆 2018 年国际档案日宣传海报

## 三、档案之最

（1）世界上现存最早的一份完整的外交条约档案。

约公元前 1296 年，埃及法老拉美西斯二世与赫梯国王哈图舒尔三世在卡迭石战役后签订了和约，并结成军事同盟。条约原本用银板制成。

（2）世界上现存最大的一份纸草档案。

公元前 1164 年，埃及法老拉美西斯四世制成特大型纸草文件。文件记载了其父拉美西斯三世在位期间的功绩和善行。文件呈卷轴形，由三个书吏写成，用 79 张纸草粘接起来，长约 40.5 米，宽约 5.2 米。该档案发现于底比斯的一个墓穴，后来被英国人哈里斯买去，故名哈里斯大纸草，现存于伦敦不列颠博物馆。

（3）世界上创刊最早的档案专业刊物。

1876 年，德国地区性档案刊物《档案杂志》创刊。该刊由巴伐利亚州档案局出版，是以德文为主要语言的年刊，主要刊登档案学论文和档案汇集介绍。

（4）世界上第一个提出“档案学已经成为一门独立学科”观点的人。

1884 年，法国著名历史学家郎格鲁在《国际档案馆、图书馆、博物馆杂志》第一卷第一期上发表《关于档案学的科学》一文，第一次提出“档案学已经成为一门独立学科”的观点。

（5）世界上唯一的档案专业出版社。

1982 年 1 月 3 日，中国成立了档案出版社。这是迄今为止世界上唯一的档案专业出版社。

（6）世界上唯一的档案专业报。

1995 年，《中国档案报》正式创刊。这是迄今为止世界上唯一的档案专业报纸。

经过将近两年的努力，《暨南大学档案普及知识》的编写工作迎来了胜利的曙光，即将付梓。

首次编撰校园读本，对于我们各位编者而言，难度比想象中大了许多。在内容方面，写得深了，怕不便于读者理解；写得浅了，怕不全面不到位；全是文字的话，看起来难免枯燥；插图编排不好，又怕效果适得其反。总归是怕不能让大家明了档案工作实是一项看似简单，做起来当真不易的工作。因为档案工作各个流程环环相扣，缺一不可。特别是收集整理以及服务利用工作，是需要档案馆和归档单位甚至是广大档案利用者共同努力的基础性业务工作。各位编者斟酌再三，并多方查询资料，希望能通过对档案的定义介绍让大家对档案、高校档案的收集整理、档案服务与利用、档案保护在概念方面有意识认知上的总体把握；通过对国家档案和高校档案收集范围、整理要求、利用范畴的介绍，了解档案是有其特定的保存和利用价值

的，也希望借此让大家对我国和我校馆藏档案的现状有大致了解；对档案收集、整理、利用的要求和方式进行专项说明，是希望能借此宣传，进一步规范档案管理各项工作，更是希望我校档案工作能朝着更科学更系统的方向发展。

本套书是暨南大学档案馆全体人员努力的结果。感谢学校的支持和各位编者的辛劳付出，正是大家的通力合作，才使本套书得以顺利完成编写。

由于编者的水平和学识有限，档案专业理论与实践知识亦在不断发展，书中恐难免有谬误之处，敬请广大读者不吝指正，以便使本套书不断完善。

**暨南大学档案馆**

2023 年 8 月

# 暨南大学档案普及知识

暨南大学档案馆　编

# 档案收集

李秋丽　著

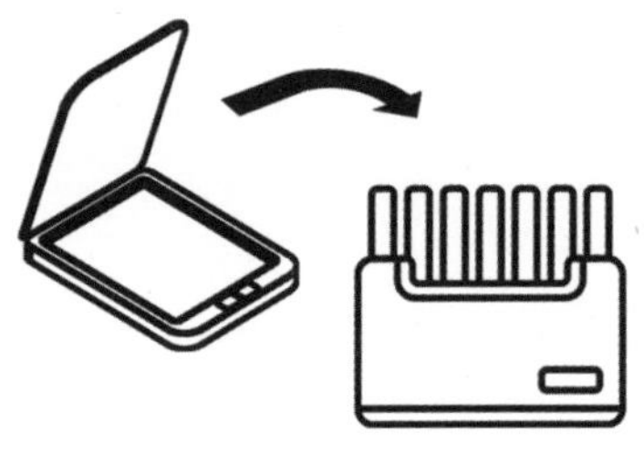

中国·广州

**图书在版编目（CIP）数据**

暨南大学档案普及知识. 2，档案收集/暨南大学档案馆编；李秋丽著. —广州：暨南大学出版社，2024. 6
ISBN 978 -7 -5668 -3127 -9

Ⅰ. ①暨… Ⅱ. ①暨…②李… Ⅲ. ①暨南大学—档案收集 Ⅳ. ①G647. 24

中国国家版本馆 CIP 数据核字（2023）第 148149 号

**暨南大学档案普及知识·档案收集**
JINAN DAXUE DANG'AN PUJI ZHISHI · DANG'AN SHOUJI
**编　者：暨南大学档案馆**
**著　者：李秋丽**

……………………………………………………………………

**出 版 人：**阳　翼
**策划编辑：**杜小陆
**责任编辑：**曾小利
**责任校对：**刘舜怡　陈皓琳
**责任印制：**周一丹　郑玉婷

**出版发行：**暨南大学出版社（511434）
**电　　话：**总编室（8620）31105261
营销部（8620）37331682　37331689
**传　　真：**（8620）31105289（办公室）　37331684（营销部）
**网　　址：**http：//www. jnupress. com
**排　　版：**广州良弓广告有限公司
**印　　刷：**佛山市浩文彩色印刷有限公司
**开　　本：**850mm×1168mm　1/32
**印　　张：**9. 25
**字　　数：**172 千
**版　　次：**2024 年 6 月第 1 版
**印　　次：**2024 年 6 月第 1 次
**总 定 价：**69. 80 元（全五册）

## 《暨南大学档案普及知识》

### 编委会

**主　任：** 刘慰瑶

**副主任：** 沈晓涛

**成　员：（按姓氏音序排列）**

陈彩娇　代　攀　邓铭杰　江秋奋

李秋丽　李雪娇　梁礼嘉　林　洽

吕淑梅　唐晓婷　杨嘉轩　原颖蓓

曾冬娜　左晋佺

从档案的发展史来看，档案的起源与发展同人类社会的发展和进步密切相关，其发展史反映了人类社会的发展脉络和生产水平。高校与其档案事业，也是密不可分的。档案可以见证高校的发展，印证高校的文化以及考证高校的历史。

百年暨南，声教四海。自 1906 年始创于南京，继而崛起、兴盛于上海，最终扎根于南粤大地，暨南大学已经走过了 110 多年。在这一个多世纪的奋斗历程中，暨南大学形成了特色鲜明、严谨求实、开拓进取的办学风格，沉淀了深厚博大的暨南文化，铸就了影响深远的暨南精神。暨南文化和暨南精神的内涵非常丰富，记载以及体现这些丰富内涵便是档案的使命所在。一个走过百余年历史的名校，留下了“忠信笃敬、知行合一、自强不息、和而不同”的暨南精神，形成了悠久厚重的暨南文化。做好档案工作，这些暨南精神和暨南文化便有迹可循，否则就是空口无凭。

做好档案工作，首先要了解档案知识，认识档案工作中不可分割的各个环节。遵循法规、按照流程来对暨南大学各个门类的档案进行收集、整理、利用与保护，才能发挥档案的最大价值。为此，我们编写了这套《暨南大学档案普及知识》，力求按照认识档案的一般方法带大家了解档案知识和档案工作。本套书共 5 册，分别为《档案认识》《档案收集》《档案整理》《档案服务与利用》以及《档案保护》。为了增强趣味性、可读性，我们尽量使用言简意赅的语言，并搭配了丰富多彩的图片。

我们期待，通过这套书的推广与传播，能够激发更多人对档案工作的兴趣与热情，让更多的人参与到档案的保护与利用中来。我们更期待，通过档案的普及与传承，能够让暨南大学的历史与文化得到更好的弘扬与发展，为学校的未来发展注入新的活力与智慧。

**暨南大学档案馆**

2024 年 4 月

档案工作是维护党和国家历史真实面貌、保障人民群众根本利益的重要事业。习近平总书记说，经验得以总结，规律得以认识，历史得以延续，各项事业得以发展，都离不开档案。2021 年，在庆祝中国共产党成立 100 周年的重大历史时刻，习近平总书记对档案工作作出重要批示，要求把蕴含党的初心使命的红色档案保管好、利用好，把新时代党领导人民推进实现中华民族伟大复兴的奋斗历史记录好、留存好，更好地服务党和国家工作大局、服务人民群众。

档案是无声的历史，习近平总书记对档案工作的重要指示道出了档案工作的重要性。随着社会的不断发展，人们也在实践中不断加深对档案的认识，社会档案意识不断增强。

而在整个档案工作中，档案收集作为档案工作的开端，占据了重要地位，它是档案资源开发利用的基础，其工作质量的高低优劣，直接影响了后续环节能否顺畅开展。所以正确认识档案收集，对于有效开展档案收集工作至关重要。基于此，学校档案馆结合档案收集基本知识，分档案收集简介、档案收集范围、档案收集要求和档案收集方式四章介绍与我校档案收集工作相关的内容，供诸位阅读了解，共同探讨。

# 目录

Contents

档案收集

# 第一章

# 档案收集简介

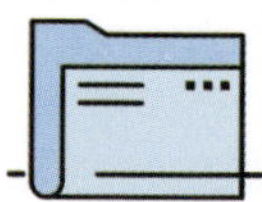

# 一、档案及高校档案的含义

## 1. 什么是档案

《中华人民共和国档案法》（2020 年修订）第一章第二条指出：

档案，是指过去和现在的机关、团体、企业事业单位和其他组织以及个人从事经济、政治、文化、社会、生态文明、军事、外事、科技等方面活动直接形成的对国家和社会具有保存价值的各种文字、图表、声像等不同形式的历史记录。

简言之，档案就是指人们在各项社会活动中直接形成的各种形式的具有保存价值的原始记录。原始记录性也是档案的本质属性。

档案，在我国古代有不同的称谓。商代称其为“册”，周代称其为“中”，秦汉称其为“典籍”，汉魏以后称其为“文书”“文案”“案牍”“案卷”“簿书”，清代以后多称其为“档案”，现统一称其为“档案”。

## 2. 什么是高校档案

作为档案系统的一个组成部分，高校档案的定义与档案的定义一脉相承，原始记录性都是它们的根本属性，具有保存价值都是它们成为档案的原因所在。

2008 年教育部、国家档案局制定的《高等学校档案管理办法》第二条指出：

> 高等学校档案是指高等学校从事招生、教学、科研、管理等活动直接形成的对学生、学校和社会有保存价值的各种文字、图表、声像等不同形式、载体的历史记录。

## 二、档案收集及其作用

### 1. 什么是档案收集

档案收集包含档案接收和档案征集。

档案收集就是按照规定，通过例行的接收制度和专门的征集方法，把分散在各机关、部门、个人手中和散失在社会上的档案，集中到档案馆（室）进行科学管理的一项业务工作。

### 2. 档案收集的作用是什么

档案收集在整个档案管理工作中处于龙头位置，做好此项工作对后续的档案管理工作具有重要意义：

（1）档案收集是档案馆（室）取得和积累档案的主要手段，它为档案管理提供了实际的物质对象，是档案工作的起点。

（2）档案收集是实现档案集中统一管理的重要具体措施。

（3）档案收集质量的高低，会直接影响到档案整理、利用、数字化等其他档案业务工作的质量。

（4）档案收集是档案部门与外界各方面发生联系的重要环节之一，是一项接触面广、政策性强、工作要求较高的工作。

## 三、档案分类

### （一）档案分类有哪些

档案分类指根据一定的标准，按照档案来源、时间、内容、形式特征等异同点，对档案进行有层次的区分，并使之形成相应的体系。

档案分类有广义的分类和狭义的分类，广义分类包括档案概念分类、档案检索分类、档案实体分类。概念分类主要为了具体认识档案，检索分类主要为了准确查找档案，实体分类主要为了科学管理档案。狭义分类指全宗内档案分类，即档案整理的分类，它仅是档案实体分类中一个方面的内容。其中，全宗指的是一个国家机构、社会组织、个人形成的具有有机联系的档案整体，是档案馆档案的第一层分类、管理单位。[①] 比如，暨南大学各个历史时期形成的所有档案即可计为一个全宗。故我们在此只介绍档案的广义分类。

### 1. 概念分类

概念分类，通常也被称为档案种类划分，即在档案总概念下分为许多具体档案概念。其依据和类别主要有：

（1）根据档案形成者可分为：国家机构档案、党派团体档案、企业单位档案、事业单位档案、名人档案等。

（2）根据档案内容性质可分为：立法档案、行政档案、军事档案、外交档案、经济档案、科学技术档案、艺术档案、宗教档案等。

（3）根据档案载体形式可分为：石刻档案、泥板档案、甲骨档案、金文档案、简牍档案、丝帛档案、纸质档案、纸草档案、羊皮档案、蜡板档案、棕榈叶档案、桦树皮档案、胶片档案、磁带档案等。

（4）按照记录信息方式可分为：文字档案、图形档案、声像档案。声像档案又分为照片、录音、录像、影片档案。

（5）按照记录信息时间可分为：古代档案、近代档案和现代档案。古代档案和近代档案常被统称为历史档案。

---

① 国家档案局政策法规研究司，法规标准化处. 档案工作标准汇编［M］. 北京：中国标准出版社，2001.

（6）根据档案所有权形式可分为：国家所有档案、集体所有档案和个人所有档案。在外国，档案通常分为公共档案和私人档案。

2. **检索分类**

检索分类是以档案记述的内容为对象进行等级分类的逻辑体系。它以国家机构、社会组织从事的社会实践分工为基础，以档案记述和反映的事物属性关系为依据，建立从总到分、从一般到具体的逻辑体系，主要用于编制卡片目录和组织情报的机械化、自动化检索。例如，我国《中国档案分类法》的主分类表共设 19 个基本大类，包括：A 中国共产党党委，B 国家政务总类，C 政法，D 军事，E 外交，F 政协、民主党派、群众团体，G 文化、教育、卫生、体育，H 科学研究，J 计划、经济管理，K 财政、金融，L 贸易、旅游，M 农业、林业、水利，N 工业，P 交通，Q 邮电，R 城乡建设、建筑业，S 环境保护、土地管理，T 海洋、气象、地震、测绘，U 标准、计量、专利。每一个基本大类下，再设 5 ~6 级类目，个别大类下设 7 ~8 级类目。如图 1 –1 所示：

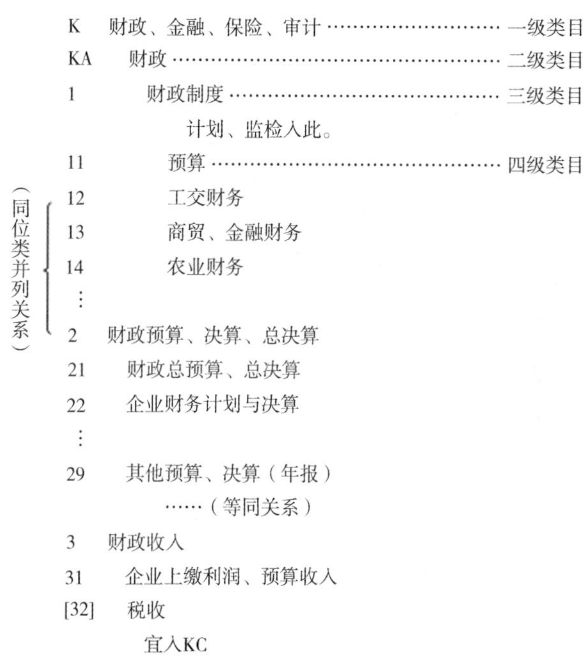


图 1－1　中国档案分类法类目体系示例图

### 3. 实体分类

实体分类是以档案实体为对象，按照其形成特点和历史联系，逐级分为多种类别。实体分类包括三级分类层次：

（1）国家档案全宗的分类：是对国家全部档案进行最高层次的分类，一般是按照档案的历史时期属性、形成机关的级别属性、地区属性、专业部门属性以及档案制成材料属性进行划分。此种分类是各级各类档案馆的设置以及国家档案在档案馆中合理分布的依据。例如，在我国，按照档案的历史时期属性建立有专门保存不同历史时期档案的档案馆，按照档案形成机关的级别属性建立有中央级和地方级的档案馆，按照档案的地区属性建立有各行政区档案馆，按档案制成材料属性建立有照片档案馆、影片档案馆、录音档案馆等。

（2）档案馆馆藏档案的分类：指对一个档案馆全部馆藏档案的分类，一般以全宗作为基本单位。根据每个馆馆藏全宗情况不同，可按全宗所属的历史时期、机关性质、部门系统或其他联系进行分类。此种分类对分库管理和排架的合理化起着指导和组织作用。例如：法国国家档案馆把馆藏档案划分为古代档案、近代档案和现代档案。中国第一历史档案馆首先把馆藏档案划分为明代档案和清代档案，清代档案又分为内阁、军机处、宫中、内务府、宗人府几个全宗。

（3）全宗内档案分类：指按照档案的来源、时间、内容和形式上的异同，将全宗内的档案分成若干层次和类别，构成有机体系的一项工作，包括选择分类方法、制订分类方案和档案文件归类，以便确定立卷、编目和案卷排列上架的具体方法。

全宗内档案分类的方法可归纳为 4 种类型：

①按文件的产生时间分类有：年度分类法；时期分类法。

②按文件来源分类有：组织机构分类法；作者分类法；通讯者分类法。

③按文件的内容分类有：问题分类法；地理分类法。

④按文件的形式分类有：文件种类（名称）分类法，如账册、凭证、报表等；文件载体分类法，如影片、照片、

录音带等。

以上诸分类法中使用较多的是年度分类法、组织机构分类法和问题分类法。单纯采用其中一种方法的情况比较少，大多是多种方法结合使用。比如，出于科学管理的需求，我校的档案既有按问题分类的，如党群类、教学类、科研类等，也有按文件载体分类的，如声像档案。

# 第二章

# 档案收集范围

# 一、档案收集范围概述

根据档案和高校档案的定义，我们可以知道凡是对各项事业发展有参考利用价值的各类原始材料都属于档案收集范围。档案收集范围也叫档案归档范围。

2011 年国家档案局令第 9 号《各级各类档案馆收集档案范围的规定》指出“各级各类档案馆要贯彻科学发展、以人为本的理念，在档案行政管理部门的监督指导下，按照统一规划、分级管理的原则，依法开展档案收集工作，将属于本馆收集范围的具有长久保存价值的档案收集进馆”。具体如下：

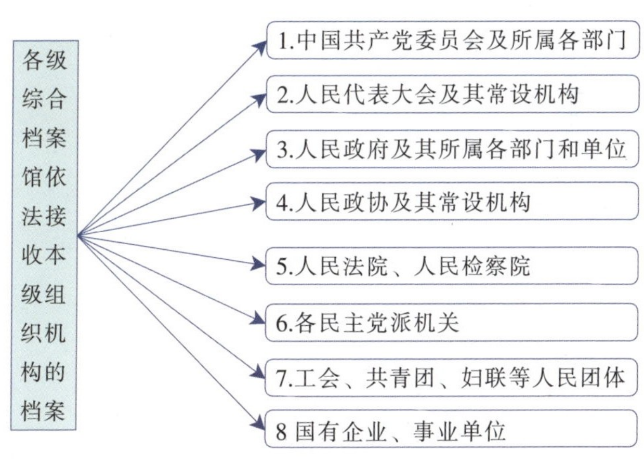


图 2－1　各级各类档案馆收集档案范围

（1）各级综合档案馆可全部或部分接收以上机构的下

属单位和临时机构的档案。乡镇机构形成的档案列入县级综合档案馆接收范围。

（2）中华人民和国成立前本行政区内各个历史时期政权机构、社会组织、著名人物的档案列入综合档案馆收集范围。本行政区内重大活动、重要事件形成的档案、涉及民生的专业档案列入综合档案馆收集范围。

经协商同意，综合档案馆可以收集或代存本行政区内社会组织、集体和民营企事业单位、基层群众自治组织、家庭和个人形成的对国家和社会有利用价值的档案，也可以通过接受捐赠、购买等形式获取。

（3）各级部门档案馆，收集本部门及其直属单位形成的档案，但其中履行行政管理职能的档案，要按有关规定定期向综合档案馆移交。

（4）各级专门档案馆，收集本行政区内某一专门领域或特定载体形态的专门档案或档案副本。

（5）国有企业、事业单位设立的档案馆，收集本单位及其所属机构形成的档案。国有企业发生破产转制，事业单位发生撤销等情况，其档案可按照有关规定由本级综合档案馆接收。

（6）省级以上（含省级）档案馆接收保管期限为永久的档案，省级以下（不含省级）档案馆接收保管期限为永久和30年以上（含30年）的档案。

（7）档案馆要适应信息化建设的需要，收集电子档案和纸质档案的数字化副本。有条件的档案馆应根据国家灾害备份的要求，建立电子文件备份中心，开展电子文件备份工作。

（8）档案馆在收集档案时，应同时收集有助于了解档案内容、立档单位历史的资料，收集有助于管理和利用档案所必需的专用设备。

## 二、高校档案收集范围

2008 年教育部、国家档案局制定的《高等学校档案管理办法》明确规定了高校 11 类档案的归档范围，并强调高校应当对纸质档案材料和电子档案材料同步归档。高校 11 类档案归档范围具体如下：

**表 2－1　高校档案类别及归档范围表**

| 序号 | 档案类别 | 归档范围 |
| --- | --- | --- |
| 1 | 党群类 | 主要包括高等学校党委、工会、团委、民主党派等组织的各种会议文件、会议记录及纪要；各党群部门的工作计划、总结；上级机关与学校关于党群管理的文件材料 |
| 2 | 行政类 | 主要包括高等学校行政工作的各种会议文件、会议记录及纪要；上级机关与学校关于人事管理、行政管理的材料 |

（续上表）

| 序号 | 档案类别 | 归档范围 |
|---|---|---|
| 3 | 学生类 | 主要包括高等学校培养的学历教育学生的高中档案、入学登记表、体检表、学籍档案、奖惩记录、党团组织档案、毕业生登记表等 |
| 4 | 教学类 | 主要包括反映教学管理、教学实践和教学研究等活动的文件材料。按原国家教委、国家档案局发布的《高等学校教学文件材料归档范围》[（87）教办字 016 号）] 的相关规定执行 |
| 5 | 科研类 | 按原国家科委、国家档案局发布的《科学技术研究档案管理暂行规定》（国档发〔1987〕6 号）执行 |
| 6 | 基本建设类 | 按国家档案局、原国家计委发布的《基本建设项目档案资料管理暂行规定》（国档发〔1988〕4 号）执行 |
| 7 | 仪器设备类 | 主要包括各种国产和国外引进的精密、贵重、稀缺仪器设备（价值在 10 万元以上）的全套随机技术文件以及在接收、使用、维修和改进工作中产生的文件材料 |
| 8 | 产品生产类 | 主要包括高等学校在产学研过程中形成的文件材料、样品或者样品照片、录像等 |

（续上表）

| 序号 | 档案类别 | 归档范围 |
|---|---|---|
| 9 | 出版物类 | 主要包括高等学校自行编辑出版的学报、其他学术刊物及本校出版社出版物的审稿单、原稿、样书及出版发行记录等 |
| 10 | 外事类 | 主要包括学校派遣有关人员出席国际会议、出国考察、讲学、合作研究、学习进修的材料；学校聘请的境外专家、教师在教学、科研等活动中形成的材料；学校开展校际交流、中外合作办学、境外办学及管理外国或者港澳台地区专家、教师、国际学生、港澳台学生等的材料；学校授予境外人士名誉职务、学位、称号等的材料 |
| 11 | 财会类 | 按财政部、国家档案局发布的《会计档案管理办法》（财会字〔1998〕32 号〕执行 |

《高等学校档案管理办法》还指出高校可以根据学校实际情况确定归档范围。归档的档案材料包括纸质、电子、照（胶）片、录像（录音）带等各种载体形式。

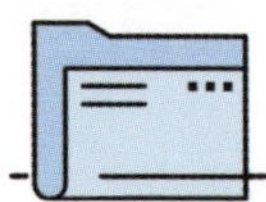

## 三、暨南大学档案馆馆藏情况

### （一）暨南大学档案工作简介

由于暨南大学及其前身在历史上几度播迁，几经停办，学校各个历史阶段的档案完整程度不一。中华人民共和国成立前，暨南大学各个历史阶段的档案材料大部分在战乱和迁徙中散失，所保留下来的档案材料也大多保存在当地的档案部门，如南京、上海等地的档案馆。

1957 年暨南大学在广州重建，得到了十余年的初步发展。但因受“文革”影响，暨南大学又于 1970 年被迫停办。[①] 停办期间暨南大学校园被中国人民解放军第一军医大学（今南方医科大学）占据，原有的人员、设备、图书分别流入华南师范学院（今华南师范大学）、华南工学院（今华南理工大学）、外语学院（今广东外语外贸大学）和中山大学等多个院校，档案材料也分散至各个院校，至复办时，档案材料散失殆尽。

1978 年暨南大学复办，学校设立文书档案室，档案室隶属学校办公室秘书科，设 1 名档案员。1986 年暨南大学成立综合档案室，将其定为科级单位，设专职档案员 5 人。随着学校办学规模的不断扩大和办学层次的逐步提升，为加强学校档案管理，1990 年综合档案室升格为副处级单

① 张晓辉，夏泉．暨南大学史（1906—2016）［M］．广州：暨南大学出版社，2016：238 - 239.

位，设专职档案员6名。2008年7月综合档案室升格为档案馆，设专职档案员9名。

档案馆负责校内档案的监督指导、收集管理工作。自此，全校档案有了统一的管理，档案的完整性、系统性也开始有了保障。

暨南大学档案馆现存档案绝大多数形成于1978年暨南大学在广州复办之后。1978年暨南大学复办时，文书档案室只设文书档案一个门类，复办时收回文书档案227卷、上级文件50卷；1985年为规范档案管理，将教学、科研、基建档案分出另立门类，集中统一保管学校各种活动中形成的、上级有关部门发至学校的，除人事、学生档案外的其他全部档案；2009年10月起将学生人事档案纳入管理范畴。

档案馆位于蔡冠深博物馆楼。截至2023年，档案馆总面积1 771平方米，总库房（使用）面积1 181平方米，办公用房面积162平方米。档案馆办公地点在四楼，库房分别设在二、三、四楼。为便于各办学点利用档案，我校广园东校区、深圳校区、珠海校区另设有档案分室并配备有兼职档案员负责各个校区档案的收集、整理、保管和利用工作。

### （二）暨南大学档案馆藏分类

档案的馆藏分类是档案收集的风向标。根据国家有关法规，结合学校的实际情况，暨南大学档案馆档案实体共划分为十六大类，具体如图2-2所示：

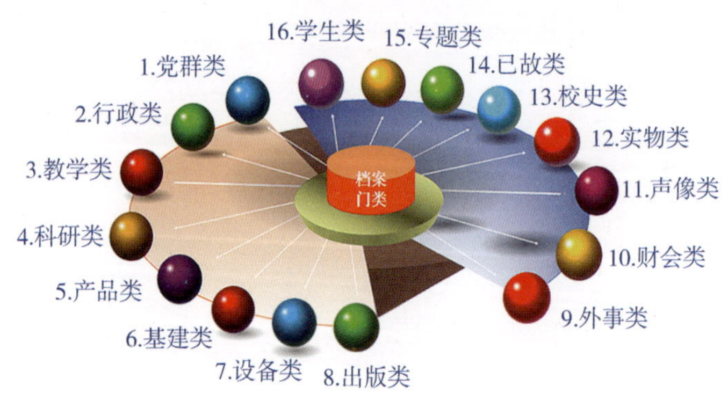


图 2－2 暨南大学馆藏档案分类示意图

### 1. 党群类

档案馆现存的党群类档案形成于暨南大学党务、工会、团委三大系统的职能活动全过程，反映了暨南大学党务、工会、团委等党群职能部门的真实历史面貌和主要职能活动。

党群类档案的主要内容包括：党务综合、纪检、组织、宣传教育、统战、工会和团委工作中形成的档案材料。党群类档案以本校形成的不同载体、形式的文件为重点，也包括一些上级和其他单位发来的文、电及附件。

### 2. 行政类

档案馆现存的行政类档案形成于暨南大学行政各部门的职能活动全过程，反映了暨南大学行政职能部门的真实历史面貌和主要职能活动。

行政类档案的主要内容包括：行政综合、人事、监察审计、武装保卫、总务、董事会、“211 工程”、档案图书等工作中形成的档案材料。行政类档案以本校形成的不同载体、形式的文件为重点，也包括一些上级和其他单位发来的文、电及附件。

由于历史原因，目前档案馆所保管的行政类档案实体，仅包括 1994 年以来（含 1994 年）的行政类档案，此前各时期的行政类档案，分别保管于党群类、校史类等门类中。

### 3. 教学类

档案馆现存的教学类档案形成于暨南大学教学管理和教学实践活动全过程，反映了暨南大学教务、招生、学生工作、研究生等职能部门的真实历史面貌和主要职能活动。教学档案是衡量高等学校教学管理水平和教育质量的重要指标之一，是我校档案的主体、核心和重点。

教学档案的主要内容包括：教学综合、学科与实验室建设、招生、学籍管理、课堂教学与教学实践、学位管理、毕业生和教材等工作中形成的档案材料。

### 4. 科研类

档案馆现存的科研类档案形成于暨南大学科研管理和科研实践活动全过程，反映了暨南大学科研管理单位和科研业务部门的真实历史面貌和主要职能活动。科研档案是衡量高等学校科研水平和教育质量的重要标志之一，也是我校档案的主体、核心和重点之一。

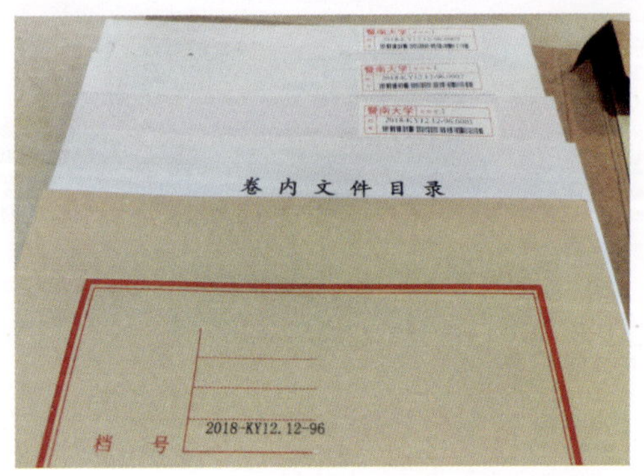


图 2－3 暨南大学科研档案

科研档案收集的范围包括科研管理和科研项目活动中形成的、对学校和社会当前与长远具有参考价值和凭证作用的文件材料。主要包括：综合管理、科研准备、研究实验、总结鉴定、申报奖励、推广应用等方面的文件材料。重点是本校承担的科研项目（课题）各个阶段形成的不同载体的文件材料，特别是研究实验阶段形成的作为研究成果依据的原始材料。

### 5. 产品类

档案馆现存的产品类档案形成于暨南大学产品生产与科技开发活动过程中，反映了暨南大学产业办、各校办企业等职能部门的真实历史面貌和主要职能活动。

产品档案收集的范围包括学校设计、试制、生产、经营和销售产品过程中直接形成的、对学校和社会当前与长远具有参考价值和凭证作用的文件材料。主要包括：综合管理、销售管理、产品项目的计划准备、设计、试制与鉴定、规模生产等方面的文件材料。重点是本校各经济实体的申办报告、审批材料，业务往来合同、经济财务和产品设计、试制、生产、营销各个阶段形成的不同载体、形式的文件材料，特别是全套设计、工艺图纸、关键性的材料。

### 6. 基建类

档案馆现存的基建类档案形成于暨南大学基本建设管理和基本建设工程项目活动中，反映了暨南大学基建处、设计所、总务后勤管理处等相关职能部门的真实历史面貌和主要职能活动。

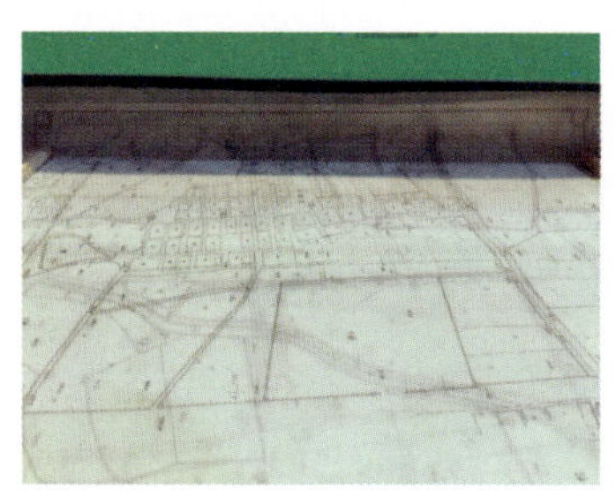

**图 2－4　暨南大学基建档案**

基建档案的主要内容包括：综合管理、可行性研究、设计基础材料、设计文件、工程管理文件、施工文件、竣工文件、生产技术准备、试生产基建预算、概算、决算、器材管理等方面的文件材料。重点是本校基建项目建设各个阶段形成的不同载体的文件材料，特别是包括竣工图在内的全套图纸。

### 7. 设备类

档案馆现存的设备类档案形成于暨南大学设备管理和仪器设备申购、验收、使用、维修等各个环节活动中，反映了暨南大学实验室与设备管理处、各实验室、各相关职能部门的真实历史面貌和主要职能活动。

设备档案收集的范围包括设备管理工作中形成的材料，作为学校固定资产的仪器、设备，在其购置、验收、调试、运行、管理、维修、改造、报废等全部活动中形成的、对学校和社会当前与长远具有参考价值和凭证作用的文件材料。主要包括：综合管理、仪器设备项目依据性材料、开箱验收、安装调试、运行维修和随机图样等。其重点是仪器设备项目各个环节形成的不同载体的文件材料，包括全套随机图样。

### 8. 出版类

档案馆现存的出版类档案形成于暨南大学出版管理和出版实践活动，反映了暨南大学出版社、学报编辑部等各报纸杂志编辑出版机构等部门的真实历史面貌和主要职能活动。

图 2－5 暨南大学出版档案

出版档案收集的范围包括学校在管理出版活动和在编辑出版报纸、刊物、图书、音像等出版物活动中形成的，对学校和社会当前与长远具有参考价值和凭证作用的文件材料。主要包括：综合管理、出版物的编审、出版等方面的文件材料。重点是出版活动各阶段形成的不同载体、形式的文件材料，特别是出版物本身。

### 9. 外事类

档案馆现存的外事类档案形成于暨南大学外事管理和外事活动过程中，反映了暨南大学国际交流合作处等部门的真实历史面貌和主要职能活动。

外事档案主要包括：综合管理、出国（境）、来校教学、讲学、进修、访问、考察、参加国际会议、国际合作、留学生工作等方面的不同载体、形式的文件材料。外事档案的重点是重大涉外和国际合作项目、留学生工作活动中形成的文件材料。

### 10. 财会类

档案馆现存的财会类档案形成于暨南大学财务管理和会计活动过程中，反映了暨南大学财务与国有资产管理处等部门的真实历史面貌和主要职能活动。

图 2-6　暨南大学财会档案

财会档案的主要内容包括：会计凭证、会计账簿、会计报表、工资清册等方面的不同载体、形式的文件材料。

### 11. 声像类

档案馆现存的声像类档案是暨南大学各项活动中形成的，或校外单位形成的与本校有关的声像载体材料，反映了暨南大学教育科研活动和历史发展的状况。

图 2-7　暨南大学录像档案

图 2-8　暨南大学录音档案

声像档案的主体是声像载体材料，凡以音响、画面形象等方式记录的专门载体和相配套的文字材料均属声像档案。其主要内容是本校各项活动中直接形成的声像载体材料原件。

声像档案主要有照片、录音录像带、胶片、磁盘和光盘等。

由于录像带保管条件要求高，而且使用频率高，保管过程中，要经常倒带，因此我校的录像带仍主要保存在制作单位——网络与教育技术中心和其他单位。我校网络与教育技术中心设有专门保管录像带的库房。录像带的内容主要包括学校在办学过程中所发生的大事，如 80 周年、90 周年校庆情况，入选“211 工程”，以及教学科研用的科教片等。

照片档案主要内容有学校大事、上级领导来校视察、教学科研、文体活动、校园环境、统战工作及学校领导出国考察访问等活动中形成的材料。

### 12. 实物类

档案馆现存的实物类档案形成于暨南大学在举办校庆等各种活动和日常对外交往等过程中，主要是领导人和著名人士的题词、书画，外单位或个人赠送给我校的各种礼品，还包括征集来的反映本校发展历史的部分实物。各类实物档案反映了各级政府、各级领导对暨南大学的关心和支持，反映了暨南大学董事、校友对学校的热爱，反映了社会各界对我校的肯定和赞誉。实物档案，是暨南大学在社会上地位和影响的最直观、最真切的象征。

图 2-9　暨南大学实物档案之一

图 2-10　暨南大学实物档案之二

### 13. 校史类

档案馆现存的校史类档案包括反映暨南大学历史发展情况的各种材料，主要包括：综合材料、中华人民共和国成立前校史材料、中华人民共和国成立后校史材料、校庆工作材料和校友会工作材料等。

图 2－11　暨南大学校史档案之一

目前，校史档案的主体是暨南大学在研究校史、征集档案等过程中从各方面收集的，以及暨南大学校友、董事等捐献的，反映中华人民共和国成立前暨南大学各个发展时期的历史面貌的有关档案材料。这些材料主要是中华人民共和国成立前暨南大学各项活动中形成的，也有部分是校外单位、个人形成的与本校有关的材料。随着学校历史的延伸，校史档案也在不断扩展，中华人民共和国成立后校史材料、校庆材料和校友会工作等有关档案的比重在不断增加。

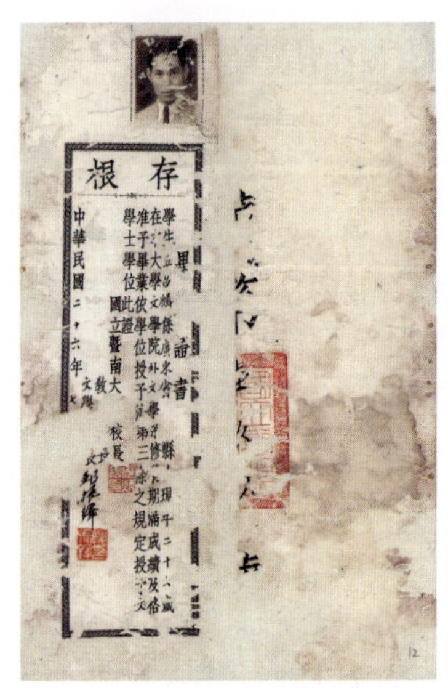

存根

畢業證書

學生……係……縣人現年……歲

在……大學……學院……學系修業期滿成績及格

准予畢業依學位授予法……之規定授予……

學士學位此證

國立暨南大學

校長

中華民國二十六年

图 2 – 12　暨南大学校史档案之二

中华人民共和国成立前校史档案的主要内容包括：中华人民共和国成立前暨南大学出版的各种刊物、年鉴、报纸和著作，如《南洋研究》《暨南年鉴》等；各个历史时期的史料，如当时报纸有关暨南大学的报道，暨南大学所作的广告、宣传、招生海报、各种通知启事，暨南大学领导、教师的论著、演讲稿，对暨南大学校长等的任免通知；当时暨南大学有关校务会议，管理、教务、体育、学生生活等各种会议材料；暨大校长的传记和纪念文集，老校友的回忆录，老校友通讯录；学生名册、毕业生名册；毕业证书、毕业证书存根；学生入学证明、借读证明、毕业证明、肄业证明、修业证明等。

其他校史档案的主要内容包括：各次校庆活动中产生的材料；校史研究中产生的材料和校友会产生的材料；有关暨南大学历史和人物的著作、校友的回忆录等材料。

### 14. 已故类

档案馆现存的已故人员档案是接收暨南大学人事档案室移交的已故人员档案而形成的。1998 年以前，档案馆只接收副处级及以上级别的已故人员的档案，1998 年开始，扩大了接收范围。已故人员档案基本保持原人事档案的原貌，除加以规范化和编号，不再重新整理。

### 15. 专题类

专题档案是指国家机构、社会组织以及个人在某项重大活动（事件）中直接形成的各种载体的档案，是党委、政府以及本单位作出科学决策时的重要借鉴材料，同时为编史修志和工作查考提供可靠的依据。2021 年起暨南大学档案馆将新冠肺炎疫情防控工作文件材料划为专题档案纳入管理范畴，将学校各单位在疫情防控工作中直接形成的有保存和利用价值的各种门类和载体的原始记录（包括纸质文件材料、声像文件材料、电子文件材料和实物等）确定为疫情档案的收集范围。

### 16. 学生类

档案馆现存的学生类档案指的是学生人事档案，所谓人事档案就是人事关系档案，学生人事档案可以说是干部人事档案的前身。

2009 年 10 月起，学校档案馆将学生人事档案纳入管理范畴，扩大了档案业务范围。学生人事档案的主要内容包括：学校学历教育学生的高中档案、入学登记表、体检表、学籍档案、奖惩记录、党团组织档案、毕业生登记表等。

# 第三章

# 档案收集要求

为了保证学校档案收集的完整性和规范性，确保后续工作的质量，档案收集的制度和收集的要求必须落到实处，具体包括：部门立卷制、定期移交和联系催收制的执行；实体档案和电子档案的归档质量要求；归档时间和归档手续的要求等。

## 一、部门立卷制

2008 年教育部、国家档案局制定的《高等学校档案管理办法》第十六条规定“高等学校实行档案材料形成单位、课题组立卷的归档制度”，即档案行业俗称的部门立卷制。

部门立卷制是指文书部门或有关业务部门的工作人员负责归档文件材料的收集、整理和立卷的工作方法。我校实行的便是部门立卷制。

具体来说，部门立卷制是：

学校各部门负责档案工作的人员按照归档要求，组织本部门的教学、科研和管理等人员及时整理档案和立卷。立卷人按照纸质文件材料和电子文件材料的自然形成规律，对文件材料系统整理组卷，编制页号或者件号，制作卷内目录，交本部门负责档案工作的人员检查合格后向高校档案机构移交。

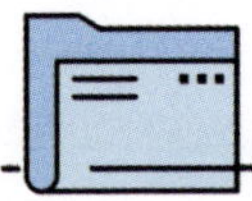

## 二、定期移交制与联系催收制

定期移交制：形成档案材料的各职能部门，应在文件材料办理完毕的第二年，按照档案馆所要求的归档时间、归档质量，归档移交到档案馆。任何个人都不得以任何理由拒绝向档案馆归档移交有价值的档案材料或据为己有。

联系催收制：档案馆工作人员应经常了解和掌握档案材料形成信息，及时向形成材料的部门催收应归档的材料。

## 三、档案归档质量要求

归档的档案材料应当质地优良、书绘工整、声像清晰，符合有关规范和标准的要求。电子文件的归档应符合《电子公文归档管理暂行办法》以及《电子文件归档与管理规范》相关要求。

### （一）常规档案材料归档要求

（1）归档的文件材料应齐全完整，内容真实可靠，手续完备，需签字盖章的必须签字盖章。

（2）归档的文件材料应质地优良、书写字迹清楚，手写部分一律用毛笔、黑色签字笔、碳素墨水或蓝黑墨水钢笔书写，禁用圆珠笔、铅笔、纯蓝墨水钢笔、红墨水钢笔书写。

（3）归档案卷外观要整齐，尺寸大的要通过裁剪、折叠整齐，尺寸小的要粘贴在正规文件用纸上保证与整卷大小一致，有破损的应予修裱。

（4）归档文件材料中不能有会生锈的金属物，若有，整理时必须去除。

（5）归档文件材料要用铅笔在有文字的页面上逐页编写流水页号，页号编在正面的右上角，反面的左上角，没有文字的页面不编写页号。

（6）归档的文件材料原则上必须是原件，一般禁止用复印件归档；一般归档一份，有电子文件的电子文件必须归档。

（7）能在档案管理系统上著录的归档文件材料要通过系统进行著录并打印案卷封面和卷内文件目录，有电子文件的必须上传电子文件。

（8）归档时，每个案卷应包含案卷封面、卷内文件目录及卷内备考表。

## （二）电子文件归档要求[①]

电子文件是指各单位或个人在教学、科研、管理等各项活动中，通过计算机等电子设备形成、办理、传输和存储的数字格式的各种信息记录。电子档案是指具有凭证、查考和保存价值并归档保存的电子文件。

### 1. 电子文件归档前的工作

形成单位应在归档前对相关项目进行检查，检查项目包括：

（1）核对电子文件与其对应的纸质文件内容、格式、签章等是否一致。

（2）确认电子文件及相关的信息和软件是否无缺损且未被非正常改动。

（3）检查电子文件的处理过程有无差错。

（4）审核电子文件收发登记表、操作日志及相关的著录条目。

（5）如果形成单位采用了某些技术方法保证电子文件的真实性、完整性和有效性，则应把其技术方法和相关软件一同移交给档案馆。

① 详见《电子文件归档与电子档案管理规范解读》。

### 2. 电子文件归档方式及注意事项①

电子文件的移交可采用离线或在线方式进行，无论采用何种方式，归档前双方都需对其进行四性检测。

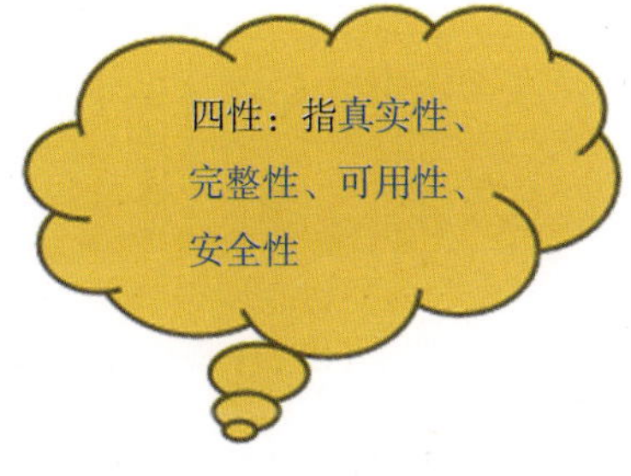


（1）通过离线载体进行交接的电子文件，移交与接收部门应共同对每套载体进行检查，合格率达到100%方可进行交接。

检查内容包括：硬件、软件环境的有效性及其信息记录格式；有无受到计算机病毒感染；载体有无划痕，是否清洁；技术方法与软件、相关软件说明、登记表等是否齐全等。

（2）归档在档案管理系统上进行的，其归档范围、归档时间、归档程序、保管期限与密级的划分、要求等均与纸质文件一致，并同步进行。

### 3. 电子文件归档其他要求

（1）文件形成部门或信息管理部门应定期把经过鉴定符合归档条件的电子文件向档案部门移交，并按档案管理要求的格式将其存储到符合保管期限要求的离线载体上（如：档案级光盘）。

---

① 详见《电子档案移交与接收办法》（档发〔2012〕7号）。

（2）电子文件归档格式应具备格式开放、不绑定软硬件、显示一致性、可转换、易于利用等性能，能够支持长期保存格式转换。电子文件应以通用格式存储、收集并归档，或在归档前转换为通用格式。

（3）对电子文件须采取可靠的备份措施，具体包括离线备份、在线备份和灾难备份。离线备份应采用一次写光盘、磁带、硬磁盘等离线存储介质，离线存储介质制作两至三套。

（4）存储载体中应同时存有相应的机读目录；载体外标识应包括序号、全宗号、年度、案卷数、文件数、密级、保管期限、存入日期等。

## 四、档案归档时间和归档手续

### 1. 归档时间

（1）学校党政职能部门形成的档案材料应在次年 6 月底前归档。

（2）各院系等的教学档案材料应当在次学年暑假前归档。

（3）科研类档案材料应在项目完成验收流程，并收到主管部门返回的相关验收材料后两年内归档；基建类档案材料应当在项目完成通过竣工验收后 12 个月内归档。

（4）财会类档案应在财务部门保存 2 年后归档。

（5）干部死亡5年后，其人事档案由学校人事档案管理部门移交档案馆保存。

（6）实物类档案随时归档。学生档案的归档时间从其专门规定。

### 2. 归档手续

向档案馆移交档案必须履行归档手续：

> 由移交单位填写或打印档案移交目录（一式两份），档案馆根据移交目录验收无误后，交接双方在移交目录上签名盖章，各存一份备查。

# 第四章
# 档案收集方式

### （一）档案的收集方式

档案馆（室）取得和积累档案及有关资料的方式主要分为接收、征集和寄存三种。

（1）档案接收：档案接收是档案收集工作的主要形式，指档案馆（室）按有关规定，通过例行制度和手续集中档案的工作。它是丰富馆（室）藏的基本途径。

（2）档案征集：档案征集是指档案馆以征购、交换、接受捐赠、复制副本等方式，将散存于社会上和个人手中的档案或相关文献收集进馆，集中保存。档案征集一般由档案馆开展，它是丰富、补充馆藏，保存历史文化财富的重要措施。

档案征集分为有偿征集和无偿征集两种。有偿征集指档案权属人以获得资金为条件出让档案，档案馆通过偿付资金满足对方全部或部分要求从而使档案进馆。无偿征集指档案馆在未偿付资金给予档案权属人的情形下促成档案进馆。

档案征集一般采取在协商的基础上，在特殊情况下，集体和个人所有的对国家和社会具有保存价值的或需保密的档案，当其保管条件恶劣或者由于其他原因被认为可能导致档案严重损毁和不安全时，国家可将其收购或征购入馆，也可代为保管。①

（3）档案寄存：寄存一般是通过协议的形式将档案存放到档案馆。寄存档案的单位或个人不失其所有权，并享

---

① 继卫. 档案征集工作［J］. 档案天地，2018（12）：1.

有优先使用权以及能否准许他人利用的决定权。已保存在博物馆、图书馆、纪念馆等单位的，同时也是档案的文物或图书资料等，一般由保管单位自行管理。

### （二）档案接收和档案征集的异同

1. 同

档案接收和档案征集是档案馆的一项经常性工作，二者都是丰富充实档案馆藏的重要手段。

2. 异

（1）强制性与协商性：档案接收和移交具有强制性。作为档案交接双方的立档单位和档案馆共同拥有法定的权利，承担法定的义务，档案法律还通过设定罚则，对档案交接中的违法者予以法律制裁。档案征集则主要依据双方意愿而非法律规定，档案征集中的权利和义务完全由征集双方协商规定，实际上是一种契约行为。

（2）限定性与宽泛性：档案接收与移交工作的法定性还突出表现在对档案交接内容的严格规定性，即档案馆接收档案内容被限定在特定的范围。而档案征集的内容和范围则宽泛许多，征集内容可以扩展到非国有档案包括集体所有、个人所有的档案。其征集范围可不限于本区域或某一层面的组织，可以向其他地区甚至国外延伸，向各层次的组织乃至个人拓展。档案征集除了应避免与档案接收内容重叠外，其范围不受限制。

（3）时限性与非时限性。档案接收具有法律法规的时限规定；档案征集不受时限约束和影响，档案馆只要需要，可以对任何时段的档案进行征集。

经过将近两年的努力，《暨南大学档案普及知识》的编写工作迎来了胜利的曙光，即将付梓。

首次编撰校园读本，对于我们各位编者而言，难度比想象中大了许多。在内容方面，写得深了，怕不便于读者理解；写得浅了，怕不全面不到位；全是文字的话，看起来难免枯燥；插图编排不好，又怕效果适得其反。总归是怕不能让大家明了档案工作实是一项看似简单，做起来当真不易的工作。因为档案工作各个流程环环相扣，缺一不可。特别是收集整理以及服务利用工作，是需要档案馆和归档单位甚至是广大档案利用者共同努力的基础性业务工作。各位编者斟酌再三，并多方查询资料，希望能通过对档案的定义介绍让大家对档案、高校档案的收集整理、档案服务与利用、档案保护在概念方面有意识认知上的总体把握；通过对国家档案和高校档案收集范围、整理要求、利用范畴的介绍，了解档案是有其特定的保存和利用价值

的，也希望借此让大家对我国和我校馆藏档案的现状有大致了解；对档案收集、整理、利用的要求和方式进行专项说明，是希望能借此宣传，进一步规范档案管理各项工作，更是希望我校档案工作能朝着更科学更系统的方向发展。

本套书是暨南大学档案馆全体人员努力的结果。感谢学校的支持和各位编者的辛劳付出，正是大家的通力合作，才使本套书得以顺利完成编写。

由于编者的水平和学识有限，档案专业理论与实践知识亦在不断发展，书中恐难免有谬误之处，敬请广大读者不吝指正，以便使本套书不断完善。

暨南大学档案馆

2023 年 8 月

暨南大学档案普及知识

暨南大学档案馆　编

# 档案整理

左晋佺　著

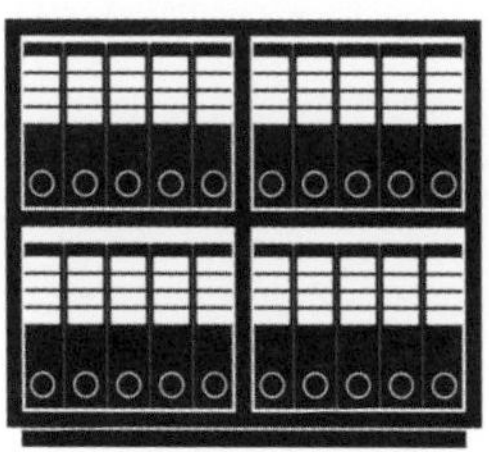

中国·广州

**图书在版编目（CIP）数据**

暨南大学档案普及知识. 3，档案整理/暨南大学档案馆编；左晋佺著. —广州：暨南大学出版社，2024. 6
ISBN 978 - 7 - 5668 - 3127 - 9

Ⅰ. ①暨…　Ⅱ. ①暨…②左…　Ⅲ. ①暨南大学—档案整理　Ⅳ. ①G647. 24

中国国家版本馆 CIP 数据核字（2023）第 148148 号

**暨南大学档案普及知识 · 档案整理**
JINAN DAXUE DANG'AN PUJI ZHISHI · DANG'AN ZHENGLI
**编　者：暨南大学档案馆**
**著　者：左晋佺**

**出版人**：阳　翼
**策划编辑**：杜小陆
**责任编辑**：曾小利
**责任校对**：刘舜怡　陈皓琳
**责任印制**：周一丹　郑玉婷

**出版发行**：暨南大学出版社（511434）
**电　　话**：总编室（8620）31105261
营销部（8620）37331682　37331689
**传　　真**：（8620）31105289（办公室）　37331684（营销部）
**网　　址**：http：//www. jnupress. com
**排　　版**：广州良弓广告有限公司
**印　　刷**：佛山市浩文彩色印刷有限公司
**开　　本**：850mm × 1168mm　1/32
**印　　张**：9. 25
**字　　数**：172 千
**版　　次**：2024 年 6 月第 1 版
**印　　次**：2024 年 6 月第 1 次
**总 定 价**：69. 80 元（全五册）

# 《暨南大学档案普及知识》

## 编委会

从档案的发展史来看，档案的起源与发展同人类社会的发展和进步密切相关，其发展史反映了人类社会的发展脉络和生产水平。高校与其档案事业，也是密不可分的。档案可以见证高校的发展，印证高校的文化以及考证高校的历史。

百年暨南，声教四海。自 1906 年始创于南京，继而崛起、兴盛于上海，最终扎根于南粤大地，暨南大学已经走过了 110 多年。在这一个多世纪的奋斗历程中，暨南大学形成了特色鲜明、严谨求实、开拓进取的办学风格，沉淀了深厚博大的暨南文化，铸就了影响深远的暨南精神。暨南文化和暨南精神的内涵非常丰富，记载以及体现这些丰富内涵便是档案的使命所在。一个走过百余年历史的名校，留下了“忠信笃敬、知行合一、自强不息、和而不同”的暨南精神，形成了悠久厚重的暨南文化。做好档案工作，这些暨南精神和暨南文化便有迹可循，否则就是空口无凭。

做好档案工作，首先要了解档案知识，认识档案工作中不可分割的各个环节。遵循法规、按照流程来对暨南大学各个门类的档案进行收集、整理、利用与保护，才能发挥档案的最大价值。为此，我们编写了这套《暨南大学档案普及知识》，力求按照认识档案的一般方法带大家了解档案知识和档案工作。本套书共 5 册，分别为《档案认识》《档案收集》《档案整理》《档案服务与利用》以及《档案保护》。为了增强趣味性、可读性，我们尽量使用言简意赅的语言，并搭配了丰富多彩的图片。

我们期待，通过这套书的推广与传播，能够激发更多人对档案工作的兴趣与热情，让更多的人参与到档案的保护与利用中来。我们更期待，通过档案的普及与传承，能够让暨南大学的历史与文化得到更好的弘扬与发展，为学校的未来发展注入新的活力与智慧。

**暨南大学档案馆**

2024 年 4 月

档案整理工作是档案工作中重要的基础工作，只有整理好的档案，才能为档案的保护、统计、检索、利用提供基本的单位和完整的体系，才能为全面准确地鉴定档案的价值提供科学基础，才能检验档案收集工作的质量，为建立科学合理的馆藏体系提供依据。

本书从解释档案整理的概念、意义和原则开始，介绍档案整理的内容，以及全宗内档案的分类，还详细说明了档案整理工作的各个环节，最后阐述档案为什么要集中统一管理。

通过这几方面的内容，本书向大家展示了档案整理工作体系的流程，能更好地帮助大家了解何为档案整理。

目录

Contents

档案整理

# 第一章

# 档案整理的概念、意义和原则

## 一、什么是档案整理

档案整理是通过一系列手段，将收集来的档案科学地组织起来，使之条理化、系统化的一项工作。也指将处于凌乱状态的和需要进一步条理化的档案，进行基本的分类、组合、排列和编目，组成有序的体系的过程。

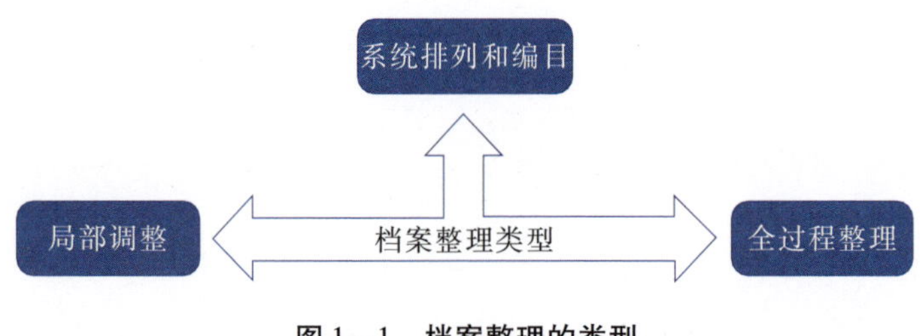


图 1－1　档案整理的类型

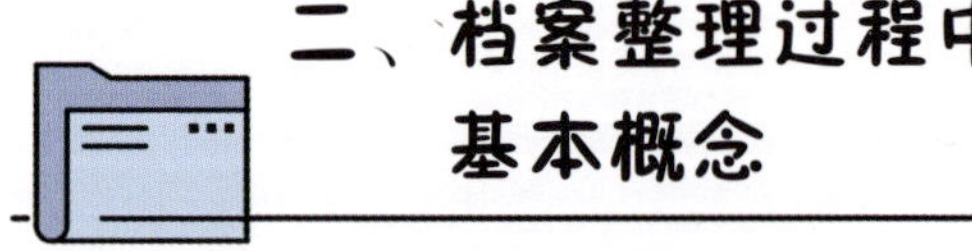

## 二、档案整理过程中涉及的基本概念

（1）整理：按照一定原则对档案实体进行系统分类、组合、排列、编号和基本编目，使之有序化的过程。

（2）来源原则：把同一机构、组织或个人形成的档案作为一个整体加以管理的原则。

（3）档案实体分类：根据档案的来源、形成时间、内容、形式等特征对档案实体进行分类。

（4）全宗：一个国家机构、社会组织或个人形成的具有有机联系的档案整体。

（5）立档单位：构成档案全宗的国家机构、社会组织或个人。

（6）案卷：由互有联系的若干文件组合成的档案保管单位。

（7）立卷：将若干文件按形成规律和有机联系组成案卷的过程。

（8）卷内备考表：卷内文件状况的记录单，排列在卷内文件之后。

（9）档号：以字符形式赋予档案实体的用以固定和反映档案排列顺序的一组代码。

## 三、为什么要进行档案整理

收集来的档案处于相对零乱、无组织的状态，加上档案数量日益增加，成分越来越复杂，如果不对其加以整理和组织，就会给档案的日常管理和实际应用带来很大的困难。只有整理好的档案，才能为档案的保护、统计、检索、利用建立基本的单位和完整的体系，才能为全面准确地鉴定档案的价值提供科学基础，才能检验档案收集工作的质量，为建立科学合理的馆藏体系提供依据。因此，档案整理工作是档案工作中重要的基础工作，对其他档案工作环节有着很大的影响。

此外，经过整理，可将有历史联系的档案组合在一起，充分体现档案的特点，反映出各种活动的本来面貌，从而可以提高档案的利用价值，充分发挥档案的作用。

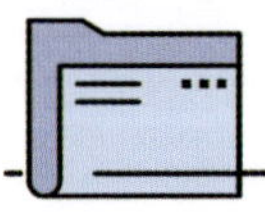

## 四、档案整理的意义

（1）档案整理能够保持文件之间的有机联系，实现档案价值。

档案整理是将档案系统化、体系化的过程，体现了对来源原则和全宗原则的遵循。经过系统整理的档案，能够保持文件之间的有机联系，充分体现档案作为历史记录的特点，反映出各项活动的历史面貌，从而提升其利用价值。在档案系统整理的基础上，档案信息得到固定，为档案利用提供了便利，从而更好地实现档案价值。

（2）档案整理为开展其他档案业务活动提供基础。

档案整理是档案工作中一项重要的基础性工作，为整个档案管理流程奠定了基础。在档案整理完成后的各个档案管理流程中，档案价值鉴定工作与档案整理联系紧密。档案价值判定和保管期限的划分，离不开对档案进行细致的考察和分析，只有经过系统整理的档案才能够满足这种需求。经过整理的档案也是保管、利用、统计的具体工作对象，是编制档案检索工具、编写参考资料的主要依据。

（3）档案整理是实现档案管理现代化的必然要求。

档案管理的现代化，需要将档案看作一个有机整体，从更深层次挖掘档案之间的有机联系，并通过现代化手段和工具，提高档案管理的效率和质量。档案管理现代化目标的达成，以实现系统化的档案整理为基础。例如档案数字化需要档案实体以一定的顺序集中保存，电子档案的管理同样需要档案材料维持有机联系等。

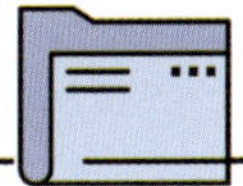

## 五、档案整理的原则

### 1. 档案的整理应该充分利用原有的整理基础

（1）充分重视和利用先前的整理基础，以确定档案整理的任务和要求，不要轻易打乱重整。

（2）在档案整理过程中，应该充分研究和利用原来整理的成果，不要轻易破坏以往整理和保存的历史情况。

### 2. 档案的整理必须保持文件之间的历史联系

文件之间的历史联系，主要表现在文件的来源、时间、内容和形式几个方面。

（1）文件在来源方面的联系：文件是以一定的组织及其内部机构或一定的个人为单位有机形成的。形成文件的这些单位，使文件构成了来源方面不可分割的历史联系。

（2）文件在时间方面的联系：形成档案的单位或个人

所进行的具体活动，都经过一定的过程，呈现出阶段性，因而使文件之间形成自然的时间联系。

（3）文件在内容方面的联系：文件是单位或个人在履行一定职责的各种活动中，为了解决一定问题而产生的。它的形成者的特定活动，使文件之间在内容上形成密切联系。

（4）文件在形式方面的联系：文件的内容必然通过一定的形式表现出来。所谓文件的形式，包括它的内部形式和外部形式两方面：文件的种类、名称和载体、记录方式等。

### 3. 档案的整理必须便于保管和利用

保持文件之间的历史联系，不是整理档案的主要目的，所以不能“为联系而联系”。便于保管和查找利用，才是档案整理工作的基本出发点和最终要求。

### 4. 逐步推进卷件融合管理

目前档案整理的方法分为两种：一是以“件（包含张、盘等)”为单位整理，即按照文件材料形成和处理的基本单位进行的整理。文书材料、一张照片、一盘录音带或录像带、一枚印章、一面锦旗、一个奖杯等均可视为一件。二是以“卷”为单位整理，即立卷，就是按照文件材料在形成和处理过程中的联系将其组合为文件的组合体。

卷件融合即通过规范、简化档案整理，从整理思路、档案管理、档号编制、目录编制上，将卷、件整理方法逐步统一起来，实现档案资源的融合管理。

根据《机关档案管理规定》（国家档案局第 13 号令），文书档案、照片档案、录音档案、录像档案、实物档案一般以件（张）等为单位进行整理。科技档案、人事档案、会计档案一般以卷为单位进行整理。其他门类档案根据需要以卷或件为单位进行整理。整理方法分别按照相应要求执行。

# 第二章

# 档案整理的内容

档案整理工作的主要内容包括区分全宗，全宗内档案的分类、组合、排列、编号、编目等。对于一个单位来说，由于一般只构成一个全宗，且机构相对稳定，全宗划定后不会频繁调整，因而档案整理工作主要指的是对全宗内档案进行的整理。

实践中，对不同门类的档案进行整理，或者对同一门类档案采用不同整理方法进行整理时都有相应的整理规则，繁复多样的整理要求，给实际整理工作带来了不少困扰。实际上，无论采取何种整理方法，整理工作的基本内容都是一致的。

一般认为，不论何种档案门类，不论采用何种整理方法，整理工作基本包含确定立档单位：组件（立卷）、分类、排列、编号、编目这五项一般性整理要求，这五项又被称为整理的一般要求。

其中，组件（卷）是为了确定整理单位；分类是为了揭示档案之间的内在联系，使全宗成为一个有机整体；排列是为了确定每个整理单位之间的先后顺序；编号是分类和排列等整理工作的固化，为每一件（卷）档案提供唯一标识；编目为档案编制检索工具，满足检索需要。

此外，还有一些反映不同载体、不同形式档案特点的整理内容，比如修整、装订、编页、格式转换、命名等。这些整理要求与上述档案整理的一般要求共同构成了完整的档案整理工作内容。

小知识 全宗的概念

全宗是一个独立的机关、组织或人物在社会活动中形成的档案有机整体。

法国最先将“全宗”这个概念作为对档案馆内的档案进行分类的原则而应用，后被许多国家采用，“全宗”逐渐成为国际范围内档案学通用的术语。法文“fond”一词，原意为“土地”“资金”“基金”，后来也转意为（非物质的）“财富”“资源”。中国曾用“档案群”和俄文“фонд”音译“芬特”来表示这一概念。1955 年以后，根据国家档案局《关于改“芬特”为“全宗”的通知》，全国统一使用“全宗”的称呼。在汉语中，“宗”字本为祖庙、族系以及类别、批量的意思，因而惯称相关事件的一组文件以至泛称档案为案卷或卷宗。“全宗”的字面意义，即一个组织的全部档案。

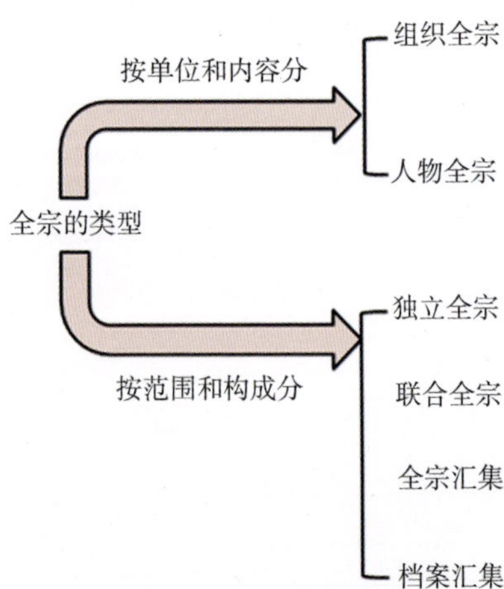


图 2－1 全宗的类型

# 第三章

# 全宗内档案的分类

## 一、分类的意义

全宗内档案的分类，对于整个档案整理工作的组织和质量以及日常的档案管理，都有重要的意义。首先，档案经过区分全宗之后，如不进行分类，仍只是一堆杂乱无章的材料，只有对全宗内档案进行合理的分类，才能揭示出它们之间的内在联系，真正使全宗成为一个有机整体，便于系统地利用。其次，就整理工作的程序而论，全宗内的文件如果不作分类，立卷、排列和编目等许多工作就难以进行。只有经过一定的分类，其后的一系列环节才易于着手进行和逐步深入。因此，如何分类，无论是对现行机关正常的立卷归档，还是对档案室以至档案馆的案卷目录的编制方法和案卷的排放，或者对零散文件的整理，都有直接的影响。最后，在平时的档案管理过程中，诸如档案库房柜架的空间使用计划，全宗指南和档案馆指南的结构，全宗文件卡片的建立等许多工作，都与全宗内档案的分类方案和分类的质量密切相关。所以，全宗内档案分类的优化，可为档案的全面管理创造有利条件。

## 二、分类的要求

全宗内档案分类的科学性和思想性的要求，主要表现在以下四个方面：

### 1. 档案类目和档案材料的划分应该具有客观性

对于任何事物的分类，都必须力戒随意性。由于档案不同于其他资料，它是在机关活动中系统地积累而形成的历史产物，所以必须遵循档案自然形成的规律，从全宗成分的实际出发进行分类。全宗内文件之间可能有多方面的联系，应当竭力保护它们在立档单位活动中原有的主要方面的历史联系。为此，要按照不同机关、不同档案的情况，科学地选择分类方法，合理地设置类目，准确地归类，使全宗内档案的分类能够较为系统地反映出立档单位活动的面貌。

### 2. 档案分类体系应该具有逻辑性

全宗内的档案是机关在处理各种事务中形成的，全宗的成分及其纵横联系往往比较复杂，全宗内档案的分类又常常采用几种方法，所以分类体系的构成应力求严密。因此，必须遵守每次分类按照同一标准进行、子类外延之和等于母类外延、子类间相互排斥等逻辑规则，不然会导致类与全宗、子类与母类之间不相对应，各类之间互相交叉等多种混乱。尤其需要注意分类标准的一致性和类别体系中纵横关系的明确性。如果采取两种以上的分类法，对以全宗为对象的第一级和以每类为对象的第二级以下的分类，每次都必须按同一种方法划分完结，然后再逐层或逐类划分。类和属类（目、子类）的概念要明确，范围与界限要清楚，但是在全宗内档案分类这个环节中，层次不宜繁多，否则全宗成分的纲目反而不清。对一个全宗内的全部档案过细的系统化和编目，应由多元检索等其他环节分工承担，最后达到总体优化。

### 3. 全宗内档案的分类应该注重实用性

面对不同全宗和不同成分的档案，要想在许多分类方法中优选一种或几种，并组成全宗内合理的分类结构，必须注意实用。这里尤其应该考虑到档案的分类必须便于保管、检索和利用。譬如，对于现行机关和撤销机关的全宗，历史档案的全宗，大全宗和小全宗，党、政档案都有的全宗，对于全宗内形式和载体特殊的档案材料，往往采取不尽相同的分类方法。在全宗内档案的分类过程中，切忌无视全宗的特点而生搬硬套一般的分类方法，也禁用空设的虚类。

### 4. 全宗内档案的分类应该具有思想性

许多立档单位在其社会活动中形成的历史记录，体现了一定的政治内容，反映了各种社会关系。在对这些档案在其全宗内分门别类时，要采取历史唯物主义的观点，有时要运用阶级分析的方法。特别是对某些历史档案以及政策性较强的档案进行分类时，须以马克思列宁主义、毛泽东思想和习近平新时代中国特色社会主义思想为指导，根据档案的实际内容和相关因素，合理地组织类别体系和设置类目，如实地反映交档单位的性质及活动状况，揭示档案的内容实质和相互联系。

档案分类遵循的原则

逻辑性原则：档案分类的结果是形成一个具有一定从属关系和平行关系的不同等级的逻辑系统。在横向上具有平行关系，要做到各类之间、各类相同级位之间的划分标准一致

恒定性（客观性、思想性）原则：档案的分类，往往牵动着档案管理的全局。如果分类发生变化，排架、编号等相关工作也会发生变化，有些甚至需要从头做起。因此，不论是基层档案机构还是档案馆，必须保持档案分类的相对稳定性，不宜频繁地变更分类方法和分类体系

实用性原则：档案分类不是目的，而是科学管理的一种手段。实用性原则要求档案分类要适应不同种类档案及其管理的特点，满足档案科学管理和方便利用的需要

图 3－1　档案分类遵循的原则

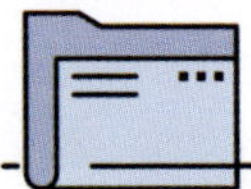

## 三、分类的一般方法

全宗内档案的分类法，是指对有关分类标准的具体运用过程，分类标准是根据档案自身的属性、特征及社会利用需要而划分的档案类别，所以又称“分类根据”。在实际分类过程中，分类人员可以根据档案的属性和特点、档案数量状况及社会利用需要等方面的因素，确定所采用的分类标准及其运用的先后次序。全宗内档案分类方法的种类很多，归纳起来有如下类型：

### 1. 按时间分类

按文件的产生时间分类，其具体形式主要有两种：

（1）年度分类法。

（2）时期分类法。按照立档单位存在和发展过程中所处的不同时期（或不同的历史阶段）对文件进行分类。按时期（或阶段）分类后，如有需要，还可在较长的阶段内再按年度来分类。

### 2. 按来源分类

按文件的来源分类，其具体形式有三种：

（1）组织机构分类法。

（2）作者分类法。就是按成文机关或个人（文件的责任者）来分类。

（3）通讯者分类法。就是按与立档单位有来往通讯关系的机关或个人分类，其中收文按作者分类，发文存本和原稿按收件者分类。

### 3. 按内容分类

按文件的内容分类，其具体形式主要有三种：

（1）问题（主题、职能）分类法。

（2）实物分类法。如石油、煤炭、粮食、木材等。

（3）地理分类法。如华北、西南，山东、江西，黑河、牡丹江等。

图 3－2　按内容分类的实物档案示例

### 4. 按形式分类

按文件的形式分类，主要有三种：

（1）按文件种类（名称）分类，如土地证存根、账簿、会计凭证等。

（2）按文件的载体形态分类，即按文件制成材料及其形式来分类，如影片、照片、录音带、录像带等。

（3）按文件的形状规格分类，如成卷的、成张的，不同尺码和不同开本等。

# 第四章

# 档案整理的工作环节

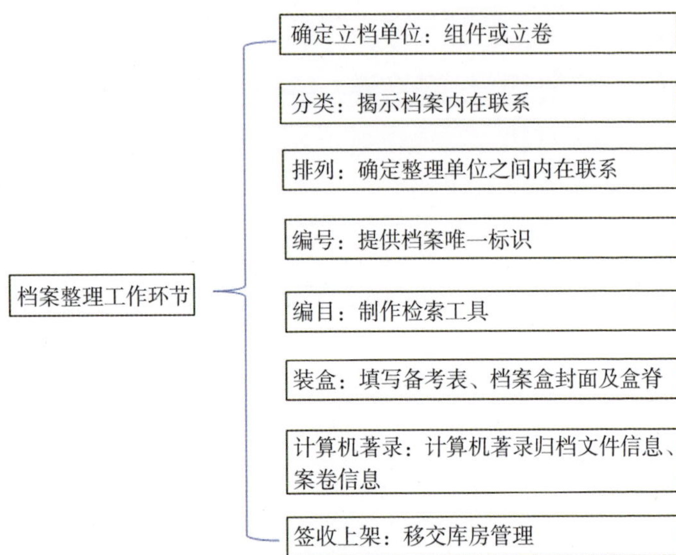


**图 4－1　档案整理流程图**

## 一、确定立档单位：组件或立卷

目前的档案整理方法有两种，一种是以“件”为单位整理，一种是以“卷”为单位整理。档案整理的第一步，就是要确定档案的基本整理单位，即组件或立卷，明确件或者卷的构成以及件的排序或者卷内的排序。

### 1. 组件

按照《机关档案管理规定》，文书档案、照片档案、录音档案、录像档案、实物档案一般以“件”为单位进行整理。

在件的构成中，照片档案、录音档案、录像档案、实物档案相对简单，一张照片、一盒录音、一盘录像、一件实物即为一件。如果录音档案、录像档案直接由数字摄录设备形成，则独立存在的一段录音、一段录像为一件。文书档案件的构成要复杂一些。按照《归档文件整理规则》(DA/T22 - 2015)，正文、附件为一件；文件正本与定稿（包括法律法规等重要文件的历次修改稿）为一件；转发文与被转发文为一件；原件与复制件为一件；正本与翻译本为一件；中文本与外文本为一件；报表、名册、图册等一册（本）为一件（作为文件附件时除外）；简报、周报等材料一期为一件；会议纪要、会议记录一般一次会议为一件，会议记录一年一本的，一本为一件；来文与复文（请示与批复、报告与批示函或复函等）一般独立成件，也可为一件；有文件处理单或发文稿纸的，文件处理单或发文稿纸与相关文件为一件。

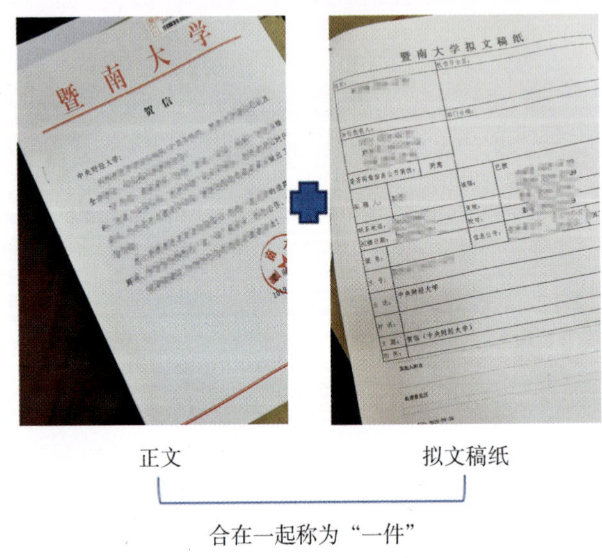


**图 4－2　文书档案“件”的构成示例**

组件分为两个步骤：

（1）件内排序。

一件照片档案、录音档案、录像档案、实物档案即为一张照片、一盒（段）录音、一盘（段）录像、一件实物，不存在件内排序问题。一件文书档案则包括正本、定稿等众多稿本，需要按照《归档文件整理规则》（DA/T22－2015）进行件内排序：正文在前，附件在后；正本在前，定稿在后；转发文在前，被转发文在后；原件在前，复制件在后；不同文字的文本，无特殊规定的，汉文文本在前，少数民族文字文本在后；中文本在前，外文本在后；来文与复文作为一件时，复文在前，来文在后；有文件处理单或发文稿纸的，文件处理单在前，收文在后；正本在前，发文稿纸和定稿在后。

（2）文件的装订。

排序后，需对文书档案的归档文件进行逐件装订。装订前要对归档文件进行技术处理。主要包括：第一，拆钉。将归档文件上会生锈的金属钉，如曲别针、大头针等拆下来。第二，修裱破损文件。使用黏合剂（如裱糊浆糊）和修裱用纸对破损文件进行“修补”和“托裱”。修裱工作主要针对有重要保存价值的归档文件。第三，复制字迹模糊或易褪变的文件。包括纯蓝墨水、红墨水、复写纸、圆珠笔、印台油、铅笔等字迹材料制成的文件材料以及传真件等。目前常见的复制方法是复印，但复印件本身也存在易粘连等耐久性方面的问题，操作时要注意墨粉浓度不宜太大，字迹颜色不宜太深，并且最好采用单面复印。第四，超大纸张折叠。目前公文用纸幅面已基本统一为国际标准 A4 型，但实际工作中，报表、图样等纸张幅面常常会大于 A4 规格，难以装入按照 A4 规格设计的档案盒，因此需要加以折叠。折叠的操作要求比较简单，但要注意尽量减少折叠次数，同时，折痕处应尽量位于文件、图表字迹之外。对于文件用纸小于 A4 幅面，不便装订时，可以进行必要的托裱。

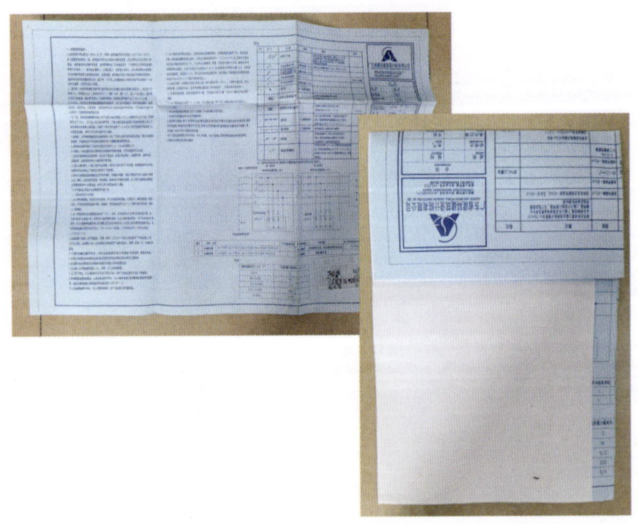

图 4－3　图纸的折叠

装订方法有以下几种：

（1）线装法：将归档文件以三孔一线、直角或多孔一线等方式进行缝合的装订方法。

（2）变形材料装订法：将归档文件以不锈钢订书钉、不锈钢夹固定在一起的装订方法。

（3）粘接法：将归档文件以浆糊等黏合剂粘合在一起的装订方法。

（4）封套法：用无酸纸制作成上方开口或上方、侧面开口的封套，将归档文件夹装入其中的装订方法。

从材料的安全和经济来比较，线装是较好的选择。可使用缝纫机在文件左上角或左侧轧边，或者在文件左上角或左侧穿针打结；对于较厚的文件，仍然采用三孔一线的方式装订。用缝纫机装订时，要求装订文件的缝纫机的针距要大。

装订用品有以下几种：

（1）棉纱线：线装法、缝纫机轧边装订、三孔一线装订均应采用棉纱线，棉纱线的规格、质量、检测应按 GB/T 398－2008 的规定进行。

图 4－4　线装法需用到的棉纱线和锥子

（2）不锈钢订书钉：不锈钢订书钉产品质量要求、试验方法、检测规则应按照 QB/T 1151－2011 执行。不锈钢订书钉材质应选用 S30408 不锈钢，沿海地区应选用耐腐蚀性能更优的不锈钢。不锈钢的规格、质量、检测应按照 GB/T 20878－2007 执行。

（3）不锈钢夹：不锈钢夹仅适用于需要临时固定的归档文件，符合行业产品质量要求即可。

（4）浆糊：浆糊的质量要求、试验方法、检测规则应按照 QB/T 1962－2011 执行。

（5）封套：封套用纸应轻薄、结实，材质选择对归档文件不应有负面影响或潜在负面影响。纸张定量应在 $110g/m^2 \sim 160g/m^2$ 之间，检测应按 GB/T 451.2－2002 的规定进行。纸张的 pH 值应大于等于 6，检测应按 GB/T 1545－2008 规定的冷抽提法进行。纸张撕裂度应大于 850mN，检测应按 GB/T 455－2002 的规定进行。纸张单层紧度应在 $0.6g/cm^3 \sim 1.0g/cm^3$ 之间，检测应按 GB/T 451.3－2002 的规定进行。

目前，暨南大学档案馆档案用不锈钢订书钉装订，优点是比较方便。但不锈钢订书钉装订的档案消毒时不能用微波消毒，因为微波消毒时金属物会发热，从而损毁档案。

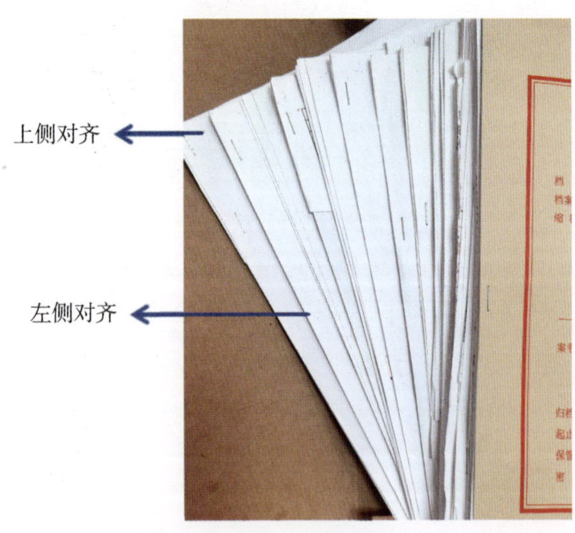


图 4－5　左上角装订的文件

### 2. 立卷

立卷是将同一类别、同一特征的档案文件集中在一起，使之次第化的整理过程。更简单地说，就是将同一事由的文件按时间先后顺序组合在一起，以方便查找。

同一内容的文件材料组成一卷或数卷，每卷的厚度一般不超过5cm。卷内文件材料按以下四点原则排列：

（1）同一事由（即一次活动或一项工作，下同）内归档文件的排列：最简单的方法是按文件形成时间的先后顺序，日期在前的归档文件排在前，日期在后的排在后；同时结合文件的重要程度排列，相对重要的排在前，其他的排在后。

（2）不同事由间的归档文件排列：按不同事由形成时间的先后顺序排列。这种方法只要求将不同事由的文件，按其办结时间的先后顺序排列，而不必考虑其他因素。在计算机系统条目较全、检索较方便的条件下可用此法。但同一事由的归档文件应该在这个事由办理完毕后收集齐全，再进行整理，以保证排列、编号后同一事由的文件排列在一起。

（3）成套性文件的排列：如会议文件（包括会议记录）、统计报表、简报、内部刊物等，可能会包括多份文件，它们在时间上可能会跨度很大，但表现出较强的系统性，利用时需要相互参照、查证，集中排列更方便检索，所以在排列这类文件时要将它们集中排列。

（4）对未及时归档文件的排列：在实际工作中，往往会有一些文件没有按规定时间移交档案室归档，对这些零散文件可以排在相应类别的最后。

按照《机关档案管理规定》，科技档案、人事档案、会计档案一般以“卷”为单位进行整理。

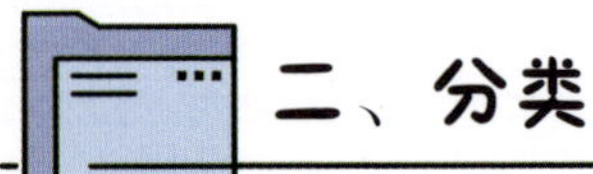

## 二、分类

从整理工作角度来看，分类指的是档案归类，即将完成组件或者立卷的档案按照分类方案划分、归入相应的层次和类别，揭示档案内在联系，使档案形成一套有机体系。文书、科技、会计、照片、录音、录像、实物等常见门类档案的分类方法如下：

### 1. 文书档案

文书档案一般采用年度、机构（问题）、保管期限分类项进行复式分类，常见的分类方法包括：

年度—机构（问题）—保管期限
年度—保管期限—机构（问题）
年度—保管期限

规模较大或公文办理程序适于机构（问题）分类的立档单位，一般采用“年度—机构（问题）—保管期限”“年度—保管期限—机构（问题）”三级分类，其中又以“年度—机构（问题）—保管期限”分类方法最为常见。

规模较小或公文办理程序不适于按机构（问题）分类的立档单位，一般采用两级分类，其中“年度—保管期限”分类方法最为常见。

### 2. 科技档案

科技档案的分类一般分两步进行。第一步，将全部科技档案按照类别分为科研档案、基建档案、设备档案；第二步，对于每个类别科技档案再进行分类，比如科研档案按照课题进行分类，基建档案按照工程项目进行分类，设备档案按照型号进行分类。当然，如果科研档案、基建档案、设备档案数量庞大，需要进一步分类，也可以在类别之下增加性质或专业分类层次。科技档案常见分类方法包括：

类别—专业（性质）—课题（项目、型号）
类别—课题（项目、型号）

### 3. 会计档案

会计档案常见的分类方法包括：

类别—年度—保管期限
年度—类别—保管期限

两种分类方法各有优劣。第一种分类方法将全部档案分成会计凭证、会计账簿、财务会计报告、其他会计资料四类，每类之下再按照会计年度、保管期限分开，优点是保持了类别的连贯性，每类档案外形基本一致、整体划一，不足之处是不便于按年度查找档案。第二种分类方法正好相反。从具体实践来看，第一种方法适合会计档案数量少的单位；形成档案数量较多的，一般采用第二种分类方法。

#### 4. 照片档案、录音档案、录像档案、实物档案

照片档案、录音档案、录像档案、实物档案可以采用与文书档案类似的分类方法。不过，与文书档案通常采用机构进行分类不同，照片档案、录音档案、录像档案、实物档案按照问题进行分类较为适宜，即照片档案、录音档案、录像档案按照问题或事由分类，实物档案按印章题词、奖牌、奖章、证书、公务礼品等问题分类。档案数量较少的，也可以不分问题，采用两级分类。常见的分类方法包括：

年度—问题—保管期限
年度—保管期限—问题
年度—保管期限

**附：**

## 暨南大学档案实体分类法

### 一、类目标识

根据教育部和国家档案局联合发布的《高等学校档案管理办法》有关规定，并结合《暨南大学档案管理办法》

的要求，我校档案划分为：党群、行政、教学、科研、产品、基建、仪器设备、出版、外事、财会、声像、实物、校史、已故人员、专题、学生等十六个类目。

（一）一级类目标识

我校档案实体分类一级类目标识由类目名称主词汉语拼音的首字母组合，具体标识如下：

DQ　党群类
XZ　行政类
JX　教学类
KY　科研类
CP　产品类
JJ　基建类
SB　仪器设备类
CB　出版类
WS　外事类
CK　财会类
SX　声像类
SW　实物类
XS　校史类
YG　已故人员类
ZT　专题类
XD（LX）　学生类

（二）二级类目标识

我校档案实体分类二级类目标识采用双位制，如

“11”，其余二级类目依次为 12、13……99，其中 10、20……等带“0”的数字不用。

（三）案卷号、件号

案卷号由阿拉伯数字组成，如：1、2、……流水编号。件号由四位阿拉伯数字组成，如：0001、0002、……流水编号。

## 二、档号编制

（一）档号结构

档号一般包括年度号、分类号、案卷号三个部分。

年度号：四位阿拉伯数字组成。

分类号：分类号一般由一、二级类目代号组成，部分设有三级类目的还应包含三级类目。

案卷号：按选择的分类号流水编号。

（二）档号模式

年度号—分类号—案卷号

例如：

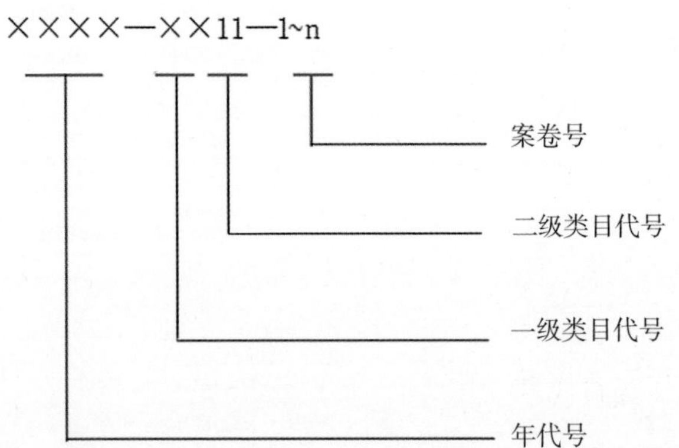

（三）档号模式

采用汉语拼音和阿拉伯数字相结合的混合号码制，年度号、分类号、案卷号之间用“—”连接。例如，2006年党群类综合部分的第五卷档案，可标识为：2006－DQ11－5。

## 三、档案保管期限

学校档案保管期限，从2011年开始，文件材料归档保管期限定为永久、定期（30年、10年）。

## 四、实体档案排架

为维护档案的整体性和方便查找，档案实体排架按“类别—年度”纵向排列。

## 五、档案实体分类代号简表

（一）党群类：

一级类目代号：DQ

二级类目代号：11 党务综合

12 纪检、监察

13 组织

14 宣传教育

15 统战

16 工会

17 团委

（二）行政类：

一级类目代号：XZ

二级类目代号：11 综合

12 人事

13 审计
14 武装保卫
15 总务后勤
16 档案、图书、文博
17 董事会

（三）教学类：

一级类目代号：JX

二级类目代号：11 综合
12 学科与实验室建设
13 招生工作
14 学籍管理
15 课堂教学与实践教学
16 学位工作
17 毕业生工作
18 教材建设

（四）科研类：

一级类目代号：KY

二级类目代号：11 综合
12 国家项目
13 省部级项目
14 评奖项目
15 国际合作项目
16 厅局级、地方级项目
17 横向合作项目
18 其他经费来源项目
19 自选项目

（五）产品类：

一级类目代号：CP

二级类目代号：11 综合

12 产品项目

（六）基建类：

一级类目代号：JJ

二级类目代号：01 石牌校区

02 珠海校区

03 华文校区

04 深圳校区

05 番禺校区

（七）仪器设备类：

一级类目代号：SB

二级类目代号：11 综合

12 仪器设备种类

（八）出版类：

一级类目代号：CB

二级类目代号：11 综合

12 报纸

13 书籍

14 刊物

（九）外事类：

一级类目代号：WS

二级类目代号：11 综合

12 出国

13 来校

14 国际合作与会议

15 外国留学生工作

（十）财会类：

一级类目代号：CK

二级类目代号：11 综合

12 会计报表

13 会计账簿

14 会计凭证

15 工资清册

16 涉外会计凭证、账簿

（十一）声像类：

一级类目代号：SX

二级类目代号：12 照片

13 录像录音带

14 光盘

（十二）实物类：

一级类目代号：SW

二级类目代号：11 综合

12 书法

13 字画

（十三）校史类：

一级类目代号：XS

二级类目代号：11 综合

12 校史

13 剪报

14 校友会

15 校庆

（十四）已故人员类：

一级类目代号：YG

二级类目代号：11 综合

（十五）专题类：

一级类目代号：ZT

二级类目代号：11 综合

（十六）学生类：

一级类目代号：XD 在校生

LX 离校生

二级类目代号：11 博士研究生

12 硕士研究生

13 本科生

## 三、排列

排列是指在分类方案的最低一级类目内，根据一定的方法确定档案先后次序的过程。文书、科技、会计、照片、录音、录像、实物等常见门类档案排列方法如下：

### 1. 文书档案

以件为单位进行整理的文书档案，在最低一级类目内，按时间结合事由排列。同一事由中的文件，按文件形成先后顺序排列。会议文件、统计报表等成套性文件可集中排列。具体的排列方法包括：

（1）同一事由内归档文件的排列方法最简单的是按文件形成时间的先后顺序进行排列。有时为了体现同一事由范围内文件的不同等级的重要性，也可以按照文件的重要程度进行排列，即重要的在前，次要的在后。

（2）不同事由间归档文件的排列方法具体有：①按不同事由的形成时间顺序排列，即按照不同“事由”文件的办结时间的自然顺序进行归档文件的排列。②按事由的重要程度排列，即将反映本单位主要职能或重要活动形成的文件排在前面，其他工作的文件排在后面，或将反映综合性工作的文件排在前面，把反映具体业务工作的文件排在后面。③按事由具有的共同属性特征分别集中排列，即在实际排列归档文件时，按照责任者或承办单位分别集中排列相关文件或按照不同主题分别集中排列，把属于一个大问题的若干小“事由”的文件集中排列。

### 2. 科技档案

科研类案卷宜按课题的可行性研究立项、方案论证、研究实验、总结鉴定、成果和知识产权申报、推广应用等阶段排列。建设项目类案卷宜按项目前期、项目设计、项目施工、项目监理、项目竣工、项目验收及项目后评估等阶段排列。设备仪器类案卷应按设备仪器立项审批、外购设备仪器开箱验收（自制设备仪器的设计、制造、验收）、设备仪器安装调试、随机文件材料、设备仪器运行、设备仪器维护等阶段或工作程序排列。

### 3. 会计档案

会计档案在最低一级类目内，会计凭证按照国家金库编送的各种报表及缴库退库凭证、各收入机关编送的报表、行政单位和事业单位的各种会计凭证、财政总预算拨款凭证和其他会计凭证排列；会计账簿按日记账、总账、税收日记账（总账）、明细分类、分户账或登记簿、行政单位和事业单位固定资产卡片排列；财务会计报告按照政府综合财务报告，部门财务报告，财政总决算，部门决算，税收年报（决算），国家金库年报（决算），基本建设拨、贷款年报（决算），行政单位和事业单位会计月、季度报表，税收会计报表排列；其他会计资料按照银行存款余额调节表、银行对账单、会计档案移交清册、会计档案保管清册、会计档案销毁清册、会计档案鉴定意见书排列。

### 4. 照片档案、录音档案、录像档案、实物档案

照片档案、录音档案、录像档案、实物档案，在最低一级类目内，按时间排列即可。

为促进暨南大学档案工作的科学发展，实现档案实体分类、编号、排架、检索的规范化、标准化，充分发挥档案的作用，更好地为学校工作服务，暨南大学档案馆特制定了暨南大学档案实体分类法。

## 四、编号

档号是在档案整理过程中被赋予的，体现整理规则并包含归档文件类别、排列顺序等要素的一组数字、字符的集合，能够反映档案的基本属性，指示档案在全宗中的位置。编制档号是对档案分类和排列等整理工作的固化，是对档案进行规范管理的基本要求，也是对不同类型档案进行统一管理的重要前提。《机关档案管理规定》要求，机关档案应当逐卷或逐件编制档号。档号应当指代单一，体现档案来源、档案门类、整理分类体系和排列顺序等档案基本属性。

归档文件的编号，是指将归档文件在实体中的物理位置通过编号的方式予以固定，以便识别和查找的整理活动。归档文件的编号是通过在每一件归档文件的首页上部，加盖归档章的形式实现的。归档章的登录项目主要包括：

（1）全宗号。

全宗号是档案馆对其接收的立档单位全宗的编号。

（2）年度。

年度指归档文件的形成年度，即形成和处理文件的年度。

（3）保管期限。

保管期限是依据各个单位的档案保管期限表及文件的保存价值情况确立的文件保存时限。

（4）件号。

件号是文件的排列顺序编号，反映了归档文件在全宗中的位置，也是确认文件排列顺序的重要标识。件号包括室编件号和馆编件号两种。归档文件在各个单位整理分类、排列之后所编写的件号，称室编件号；移交进馆时，由档案馆对调整后的进馆档案重新编的件号，称馆编件号。

归档章的格式一般为：长 45mm，宽 16mm。根据需要，可以把归档章分为 6 格。参见图 4－6 和图 4－7：

| 全宗号 | 年度 | 室编件号 |
| --- | --- | --- |
| 机构或问题 | 保管期限 | 馆编件号 |

图 4－6　归档章格式

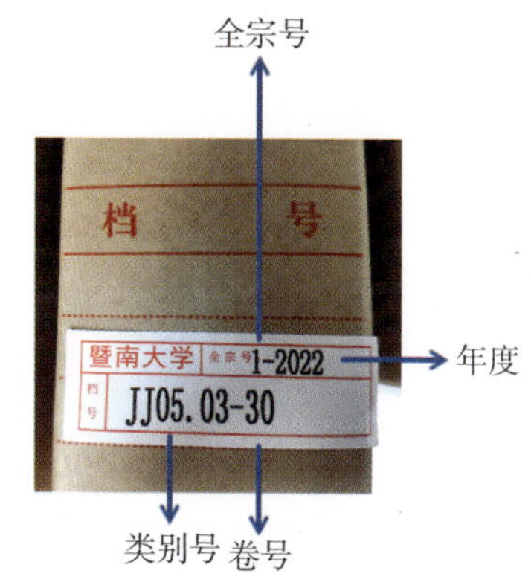


图 4－7　档号说明

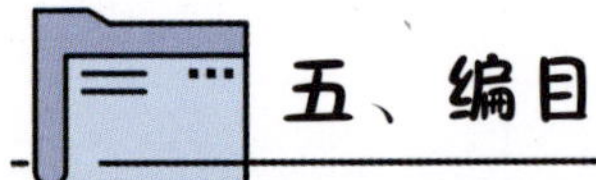

## 五、编目

目录是将档案的著录条目按照一定次序编排而成的检索工具。档案目录的编制，实现了档案从一次文献向二次文献的初步转化，为档案保管、鉴定、检索、统计和编研等工作的开展提供了基本条件。

编目是指编制归档文件目录的整理活动。归档文件目录的著录项目包括件号、责任者、文号、题名、日期、页数和备注等。件号是指室编件号和馆编件号；责任者是指制发文件的组织或个人，一般为文件的发文单位或署名者；文号就是文件的发文字号；题名是指归档文件的标题；日期是指文件的成文日期，通常用 8 位数字表示，如 20050101 就是指 2005 年 1 月 1 日；页数是指一“件”的总页数；备注主要用于填写归档文件的密级、完整情况、鉴定销毁情况、补充考证情况等。

归档文件目录的格式如表 4－1 所示：

**表 4－1　归档文件目录的格式**

| 件号 | 责任者 | 文号 | 题名 | 日期 | 页数 | 备注 |
| --- | --- | --- | --- | --- | --- | --- |
| | | | | | | |
| | | | | | | |
| | | | | | | |

归档文件目录应单独装订成册并编制封面，这样既美观，又便于保护目录。

## 六、装盒

装盒包括把归档文件按件号顺序装入档案盒，填写备考表、档案盒封面及盒脊项目等方面的整理内容。装盒的要求是：

第一，归档文件要严格按照件号的顺序装入档案盒，并与归档文件目录中相应条目的排列顺序相一致，保证检索到相关文件条目后就可以找到与之相对应的文件。

第二，分类装盒。在归档文件装盒时，应根据分类方法的异同，把不同类别的文件分开，分别装入不同的档案盒中。一般情况下，不能将不同年度的归档文件装入同一档案盒；不应将不同保管期限的归档文件装入同一档案盒；按机构设类时，不同机构形成的文件不能装入同一档案盒；按问题设类时，亦应把不同问题的文件分别装盒。

第三，应根据文件的厚度选择厚度适宜的档案盒，并要求将同一事由的文件按顺序装入下一个档案盒。

档案盒的规格为 310mm × 220mm，厚度为 20mm、30mm、40mm、50mm，也可根据具体需要设计其他尺寸的档案盒。档案盒的封面应使用全称或规范化简称标明全宗名称（即立档单位名称），下加双描线，档案盒盒脊应根据摆放方式的不同，在盒脊或底边设置各检索项，包括全宗号、年度、保管期限、机构（问题）、起止件号和盒号等。

在完成上述装盒工作后，整理人员还要在每个盒子中放置一张备考表，将盒内文件情况说明、整理人、检查人及整理时间等项目填写好。

## 七、计算机著录：归档文件信息、案卷信息

计算机著录的是归档文件信息。

（1）顺序号：按卷内文件排列先后顺序填写。（件号，即索引号）

（2）文件编号：文件制发机关的发文字号。（要特别注意发文字号的符号标识、括号的全角半角、样式，必须和文件一致）

（3）责任者：形成该文件的单位或对文件负有责任的署名者。

（4）题名：即文件标题，一般应照实抄录。没有标题或标题不能说明文件内容的文件，可自拟标题，外加“[ ]”号。

（5）日期：文件的形成时间（正式文件落款日期）。

（6）页数：页数填写每份文件的总页数（可在第一页编写）。

（7）备注：对卷内文件的补充说明。

注意：这些著录条目是未来查找利用的重要检索字段，必须仔细填写。

| 一级目录 | | 二级目录 | | 三级目录 | |
|---|---|---|---|---|---|
| 全宗号 | | 实体分类号 | | 盒号 | |
| 件号 | | 档号 | | | |
| 正题名 | | | | | |
| 责任者 | | 保管期限 | | 密级 | |
| 归档单位 | | 页数 | | 文件时间 | |
| 文号、图号 | | 输入员 | | 存址 | 档案馆 |
| 归档份数 | | 接收人 | | 收文日期 | |
| 办文编号 | | 文种 | | 载体 | |
| 承办单位 | | | | | |
| 附注 | | | | | |
| 收文单位 | | | | | |

□连续录入　保存　返回

图 4-8　在计算机上的文书档案著录界面

| 一级目录 | 2023 | 二级目录 | 未知 | 三级目录 | |
|---|---|---|---|---|---|
| 全宗号 | | 实体分类号 | | 案卷号 | |
| 件号 | | 档号 | | | |
| 正题名 | | | | | |
| 保管期限 | | 密级 | | 学生姓名 | |
| 页数 | | 文件时间 | | 归档单位 | |
| 存址 | 档案馆 | 归档份数 | | 输入员 | |
| 学科专业 | | 接收人 | | 归档时间 | |
| 起始时间 | | 终止时间 | | | |
| 论文题目 | | | | 指导老师 | |
| 学号 | | 学位证编号 | | 毕业证编号 | |
| 学位类型 | | 生源类别 | | | |
| 附注 | | | | | |
| 移交人 | | 光盘标题 | | | |

□连续录入　保存　返回

图 4-9　在计算机上的学位档案著录界面

图 4－10　在计算机上的声像档案著录界面

## 八、签收、上架

编制案卷移交目录：装订好的案卷，经过分类排列和编号，按照排好的顺序，编写案卷移交目录。填写时按照案卷封面上的内容和已固定的案卷顺序，逐卷进行登记。对准确无误的档案进行移交签名，排架。案卷移交目录一式二份，移交签字后，其中一份由学校档案馆保存，一份由移交单位留存。最后，案卷到档案馆档案库房上架，放在每个门类相对应的区域。

| 案卷移交目录 | | | |
|---|---|---|---|
| 序号 | 档号 | 案卷题名 | 页数 |
| 1 | 2023-DQ11.11-10. | ×××××××× | |
| | | | |
| | | | |
| | | | |
| | | | |
| | | | |
| | | | |
| | | | |
| | | | |
| | | | |
| | | | |
| | | | |
| | | | |
| | | | |
| | | | |

移交单位　　移交人　　移交时间　　接收人　　接收时间

图 4－11　暨南大学案卷移交目录

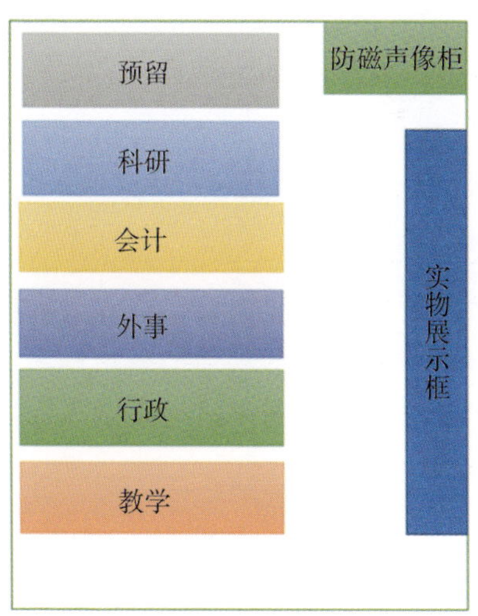


图 4－12　档案上架库房示意图

# 第五章

# 档案集中管理

档案为什么要集中统一管理，从宏观角度来看：

（1）档案工作能够存史资政育人，是一项利国利民、惠及千秋万代的崇高事业。这是2021年7月6日，习近平总书记在中国第一历史档案馆新馆开馆之际作出的重要批示。

（2）档案工作是一项非常重要的工作，主要是因为档案工作是一项基础性工作，经验得以总结，规律得以认识，历史得以延续，各项事业得以发展，都离不开档案。这是习近平总书记在浙江工作时指出的。习近平总书记提出的这“四个得以”精辟而深刻地阐述了档案和档案工作在国家治理、企事业单位工作中的基础作用。

从法律角度来看：新档案法明确了党的领导，强化了政府责任。明确提出“坚持中国共产党对档案工作的领导”，强调“各级人民政府应当加强档案工作，把档案事业纳入国民经济和社会发展规划，将档案事业发展经费列入政府预算，确保档案事业发展与国民经济和社会发展水平相适应”。这一条规定，有利于把党的领导落实到档案工作全过程和各方面，有利于机构改革后充分发挥党管档案工作的体制优势，同时，强化各级政府加强档案工作的责任，保障档案事业发展的经费，确保档案事业与国民经济和社会发展同步。

经过将近两年的努力，《暨南大学档案普及知识》的编写工作迎来了胜利的曙光，即将付梓。

首次编撰校园读本，对于我们各位编者而言，难度比想象中大了许多。在内容方面，写得深了，怕不便于读者理解；写得浅了，怕不全面不到位；全是文字的话，看起来难免枯燥；插图编排不好，又怕效果适得其反。总归是怕不能让大家明了档案工作实是一项看似简单，做起来当真不易的工作。因为档案工作各个流程环环相扣，缺一不可。特别是收集整理以及服务利用工作，是需要档案馆和归档单位甚至是广大档案利用者共同努力的基础性业务工作。各位编者斟酌再三，并多方查询资料，希望能通过对档案的定义介绍让大家对档案、高校档案的收集整理、档案服务与利用、档案保护在概念方面有意识认知上的总体把握；通过对国家档案和高校档案收集范围、整理要求、利用范畴的介绍，了解档案是有其特定的保存和利用价值

的，也希望借此让大家对我国和我校馆藏档案的现状有大致了解；对档案收集、整理、利用的要求和方式进行专项说明，是希望能借此宣传，进一步规范档案管理各项工作，更是希望我校档案工作能朝着更科学更系统的方向发展。

本套书是暨南大学档案馆全体人员努力的结果。感谢学校的支持和各位编者的辛劳付出，正是大家的通力合作，才使本套书得以顺利完成编写。

由于编者的水平和学识有限，档案专业理论与实践知识亦在不断发展，书中恐难免有谬误之处，敬请广大读者不吝指正，以便使本套书不断完善。

**暨南大学档案馆**

2023 年 8 月

暨南大学档案普及知识

暨南大学档案馆　编

# 档案服务与利用

江秋奋　著

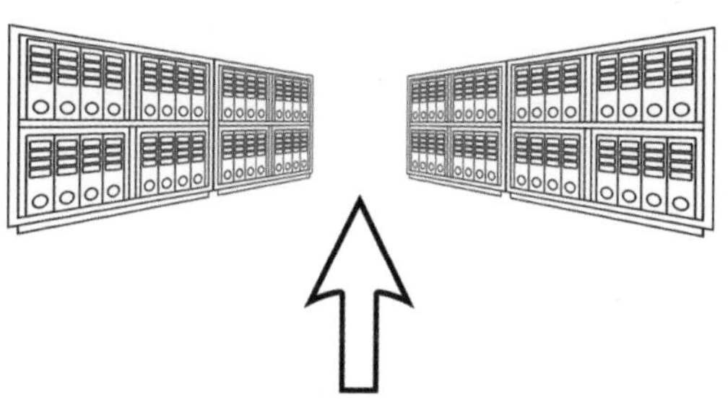

中国·广州

**图书在版编目（CIP）数据**

暨南大学档案普及知识. 4，档案服务与利用/暨南大学档案馆编；江秋奋著 . —广州：暨南大学出版社，2024. 6
ISBN 978 -7 -5668 -3127 -9

Ⅰ. ①暨…　Ⅱ. ①暨…②江…　Ⅲ. ①暨南大学—档案利用　Ⅳ. ①G647. 24

中国国家版本馆 CIP 数据核字（2023）第 148147 号

**暨南大学档案普及知识 · 档案服务与利用**
JINAN DAXUE DANG' AN PUJI ZHISHI · DANG' AN FUWU YU LIYONG
**编　者：暨南大学档案馆**
**著　者：江秋奋**

出 版 人：阳　翼
策划编辑：杜小陆
责任编辑：曾小利
责任校对：刘舜怡　陈皓琳
责任印制：周一丹　郑玉婷

出版发行：暨南大学出版社（511434）
电　　话：总编室（8620）31105261
　　　　　营销部（8620）37331682　37331689
传　　真：（8620）31105289（办公室）　37331684（营销部）
网　　址：http：//www. jnupress. com
排　　版：广州良弓广告有限公司
印　　刷：佛山市浩文彩色印刷有限公司
开　　本：850mm×1168mm　1/32
印　　张：9. 25
字　　数：172 千
版　　次：2024 年 6 月第 1 版
印　　次：2024 年 6 月第 1 次
总 定 价：69. 80 元（全五册）

# 《暨南大学档案普及知识》

## 编委会

**主　任：** 刘慰瑶

**副主任：** 沈晓涛

**成　员：**（按姓氏音序排列）

陈彩娇　代　攀　邓铭杰　江秋奋

李秋丽　李雪娇　梁礼嘉　林　洽

吕淑梅　唐晓婷　杨嘉轩　原颖蓓

曾冬娜　左晋佺

从档案的发展史来看，档案的起源与发展同人类社会的发展和进步密切相关，其发展史反映了人类社会的发展脉络和生产水平。高校与其档案事业，也是密不可分的。档案可以见证高校的发展，印证高校的文化以及考证高校的历史。

百年暨南，声教四海。自 1906 年始创于南京，继而崛起、兴盛于上海，最终扎根于南粤大地，暨南大学已经走过了 110 多年。在这一个多世纪的奋斗历程中，暨南大学形成了特色鲜明、严谨求实、开拓进取的办学风格，沉淀了深厚博大的暨南文化，铸就了影响深远的暨南精神。暨南文化和暨南精神的内涵非常丰富，记载以及体现这些丰富内涵便是档案的使命所在。一个走过百余年历史的名校，留下了“忠信笃敬、知行合一、自强不息、和而不同”的暨南精神，形成了悠久厚重的暨南文化。做好档案工作，这些暨南精神和暨南文化便有迹可循，否则就是空口无凭。

做好档案工作，首先要了解档案知识，认识档案工作中不可分割的各个环节。遵循法规、按照流程来对暨南大学各个门类的档案进行收集、整理、利用与保护，才能发挥档案的最大价值。为此，我们编写了这套《暨南大学档案普及知识》，力求按照认识档案的一般方法带大家了解档案知识和档案工作。本套书共 5 册，分别为《档案认识》《档案收集》《档案整理》《档案服务与利用》以及《档案保护》。为了增强趣味性、可读性，我们尽量使用言简意赅的语言，并搭配了丰富多彩的图片。

我们期待，通过这套书的推广与传播，能够激发更多人对档案工作的兴趣与热情，让更多的人参与到档案的保护与利用中来。我们更期待，通过档案的普及与传承，能够让暨南大学的历史与文化得到更好的弘扬与发展，为学校的未来发展注入新的活力与智慧。

**暨南大学档案馆**

2024 年 4 月

档案是一种社会现象，是记录和传播先进文化的载体。随着社会公众对档案服务与利用需求的扩大，档案服务与利用的内容和方式在发生着巨大的变化，对档案利用的要求也日益提高，档案服务与利用理论及方式都面临着新的考验与挑战。

做好档案的服务与利用，让其发挥应有作用，是做好档案工作的根本目的和中心任务，是档案工作赖以存在和发展的基础。本书主要结合多年从事档案管理工作的实际，围绕档案服务与利用相关内容进行介绍：首先，对档案服务与利用的含义和内容以及依据的法律法规作了简要概述；其次，结合暨南大学档案馆档案服务与利用情况，对其方式、规定及条件等内容进行详细介绍，让大家更加全面了解暨南大学档案服务与利用的领域创新、服务创新；此外，还归纳了日常查阅利用中经常遇到的问题，并作出了解答。

档案具有存史、资政、育人的作用，对档案的有效利用是其他工作有效开展的基础，是发展其他事业的需要，更是档案工作者神圣的使命。我们要充分认识到档案的有效利用对我国社会发展的重要意义，积极推动档案利用工作改革创新，提高档案利用工作的质量和效率，促进新时期档案事业的发展。

# 目录

Concents

# 第一章

# 档案服务与利用概述

做好档案服务与利用是暨南大学档案馆的重要职责。本章主要介绍档案服务与利用的含义和内容、宗旨和原则、开展的主要依据，让大家正确认识档案服务与利用的地位和作用。

## 一、档案服务与利用的含义和内容

### 1. 档案服务与利用的含义

从本质上来说，档案利用与档案服务是一致的，“档案利用”是一种档案服务，“档案服务”中也有档案利用。本书将档案服务与档案利用分别介绍，一方面是根据档案工作发展的实际，将“服务”放在更加突出的地位；另一方面是想说明“档案服务”与“档案利用”两者之间的联系与区别。虽然从本质上说两者是一致的，但对档案管理部门来说，前者是一种主动的服务，服务的对象往往相对抽象和不确定，而后者是一种被动的服务，服务对象一般是明确而具体的。

（1）档案服务的含义。

档案服务，从服务的内容来看，有广义和狭义之分。广义的档案服务包括档案主管部门和各种档案专业机构为各机关、团体、企业事业单位、社会组织和个人提供的与档案工作有关的各种服务工作，如档案法制服务、档案行政服务、档案培训服务、档案技术服务等。狭义的档案服务，主要指档案部门以馆、室藏档案信息资源开发和建设为重点，以满足社会各方面对档案服务的需求为目的，通过一定的方式和途径主动为社会各方面提供服务的工作。

（2）档案利用的含义。

档案利用，指以馆、室藏档案信息资源为基础，为利用者以阅览、复制、摘录等方式提供使用档案的活动。

### 2. 档案服务与利用的主要内容

（1）档案服务的主要内容。

举办档案展览、公布与开放档案、编辑出版档案文献汇编或档案参考资料、开展与媒体的合作、开展公开查阅场所服务等。

（2）档案利用的主要内容。

档案利用工作者要熟悉馆藏档案资料情况，了解档案利用的相关规定，及时为利用者提供所需的档案材料以供利用者阅览、复制和摘录或解答档案利用者提出的咨询。

## 二、档案服务与利用的宗旨和原则

（1）档案服务与利用工作的基本宗旨：充分发挥档案作用，为档案利用者提供及时的服务；积极开发档案信息资源，满足学校师生、校友及社会各方面的利用需求。

（2）档案服务与利用工作的基本原则：依法开放、简化便利、复制品替代、保守秘密、主动及时、普及便民六大原则，如图 1－1 所示。

图 1－1　档案服务与利用工作的基本原则

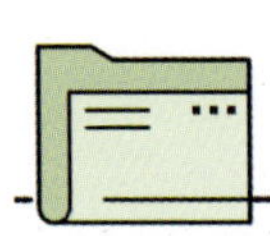

## 三、开展档案服务与利用的主要依据

开展档案服务与利用工作，是国家有关法律、法规和规章制度赋予各级档案部门的职责，依法做好档案服务与利用工作，是暨南大学档案馆贯彻落实有关法律、法规和规章制度的具体体现。当前开展档案服务与利用的主要依据有：

### 1.《中华人民共和国档案法》

1987 年 9 月 5 日第六届全国人民代表大会常务委员会第二十二次会议通过，根据 2020 年 6 月 20 日中华人民共和国第十三届全国人民代表大会常务委员会第十九次会议修订的《中华人民共和国档案法》第五条和整个第四章（第二十七条至第三十四条）对“档案的利用与公布”作出了具体的规定，如关于“档案开放的起始时间”，关于档案开发利用和“公布档案”的形式等，都有明确规定。如第二十八条规定，“档案馆应当通过其网站或者其他方式定期公布开放档案的目录，不断完善利用规则，创新服务形式，强化服务功能，提高服务水平，积极为档案的利用创造条件，简化手续，提供便利”；第二十三条规定，“档案复制件的交换、转让，按照国家有关规定办理”。第三十二条还规定：“属于国家所有的档案，由国家授权的档案馆或者有关机关公布；未经档案馆或者有关机关同意，任何单位和个人无权公布。非国有企业、社会服务机构等单位和个人形成的档案，档案所有者有权公布。”

2.《各级国家档案馆开放档案办法》

2022 年 7 月 4 日发布了国家档案局第 19 号令，公布《各级国家档案馆开放档案办法》（以下简称《办法》）。《办法》自 2022 年 8 月 1 日起实施，共 6 章 34 条，修订后的《办法》对国家档案馆档案开放工作提出了更为明确的程序和具体要求，有效促进馆藏档案依法依规开放，有力保障档案实体和信息安全。如关于开放档案的利用手续，该办法第十八条规定：“单位和个人持有合法证明可以利用国家档案馆已经开放的档案”。第十九条规定则对档案开放利用的渠道作了更明确的指示：“国家档案馆应当设置专门的档案利用场所并配备相应的设施、设备，通过信函、电话、网站、电子邮件和互联网政务媒体等多种方式，建立完善档案利用渠道，简化手续，积极为档案利用创造条件、提供便利”；另外还有复制件、原件使用等，都有明确的使用规定。

### 3.《档案馆工作通则》

1983 年 4 月 26 日国家档案局发布了《档案馆工作通则》。该通则“第四章　档案的利用”，对档案馆开放历史档案、档案阅览条件、提供利用档案的手续等方面作出了具体的规定。其中第十八、十九、二十条要求：档案馆应积极主动地开展利用工作，并根据党和国家有关规定开放历史档案；设立阅览室，积极改善阅览条件，为利用者提供方便；编制必要的检索工具和开放档案目录，印发档案馆指南等，为各方面广泛利用档案和资料提供方便条件。

# 第二章

# 档案服务

本章所讲的档案服务，是指暨南大学档案馆以开发馆藏档案信息资源为重点，以满足社会各方面对档案服务的需求为目的，通过一定的方式主动为社会各方面提供服务的工作。

## 一、档案服务的基本定位

暨南大学档案馆立足档案资源优势，以服务师生群众为工作大局，立足岗位职责，更好地为学校、校友提供高效优质的服务。

## 二、档案服务的基本措施及主要方法

### （一）汇编档案文献

档案文献汇编是根据一定的需要，按照确定的题目收集并选择具有参考价值的档案文献，依据一定的体例和要求进行加工编排，成为彼此间具有内在联系的有机集合体。档案文献汇编的基本特点是：它忠实地转录了档案文献原文，属于一次文献的汇集。

根据提供利用范围的不同，可以将档案文献汇编分为公开出版和内部使用两种。公开出版的一般是档案史料汇编，主要是为历史研究、编史修志提供档案史料，多由档案馆编纂；内部使用的一般是档案文件汇编，主要是为实际工作提供仍具有现行效用的某些档案文件，多由档案馆或业务部门汇编。暨南大学档案馆的文献汇编主要有：《档案工作规章制度汇编》《流金岁月——暨南大学校史史料选编》等。

图2－1 《档案工作规章制度汇编》

图2－2 《流金岁月——暨南大学校史史料选编》

### （二）编写档案参考资料

档案参考资料是按照一定的题目，对有关档案材料的内容进行研究、综合加工而成，可提供利用者直接阅读使用的一种档案编研材料。

档案参考资料具有不同于档案文集汇编、档案检查工具和一般参考资料的特点。档案参考资料是以档案内容为依据，但又经过了编者的研究、综合和加工，而不像档案文集那样只是对档案原文的转入。档案参考资料是可以提供给读者的，并可直接阅读和利用的材料，而不像检索工具那样，仅向读者提供了所需答案的检索方法和途径。

档案参考资料不同于科研专著和学术专著，它虽然也带有研究的性质，但更多的是向利用者提供系统的档案史料，是一种研究性资料书。档案参考资料一般有大事记、组织沿革、基础数字汇集、会议基本情况的编写等。暨南大学档案馆所编写的参考资料主要有大事记、组织沿革、档案史料等，如有《流光溢彩——暨南大学珍藏绘画作品集》《翰墨华章——暨南大学珍藏书法作品集》《暨南大学组织沿革与发展》《档案保护实验技术》《暨园芳华——暨南草木档案》等多部档案参考资料。

图2－3 《流光溢彩——暨南大学珍藏绘画作品集》

图2－4 《翰墨华章——暨南大学珍藏书法作品集》

图2－5　《暨南大学组织沿革与发展》

图2－6　暨大档案馆文献汇编（部分）

## （三）举办档案陈列展览

档案展览是根据某种需要，按照一定的主题、系统陈列档案材料，展示和介绍有关档案的内容和成分的一种档案提供利用方式。

### 1. 档案陈列展览的作用

档案陈列展览向利用者及观众展示的档案是经过档案工作人员精心挑选、科学分类、系统排列的典型材料。通过展览，让档案或档案所含信息直接与利用者和观众见面，省去了利用者查找、借阅的时间。通过编者挑选和安排的材料，为利用者了解专题展示提供了线索，也能给予某些启发。一般观众在参观展览的过程中不仅能对展览的专题有所认识，受到教育，而且也有利于增强他们的档案意识，使他们对档案、档案工作的重要性有正确的认识。

### 2. 档案陈列展览的基本原则

按照一定主题、序列和艺术形式，在一定环境内以档案或相关资料为主要展品，配以适当辅助展品，实现进行直观教育、传播科学文化信息和提供审美欣赏的功能。

### 3. 档案陈列展览的形式

档案陈列展览的形式多种多样，按照时间标准可以划分为长期陈列和临时展览，也可进行巡回展览。档案馆可根据各种需要，单独或与其他部门联合举办展览，较多的是举办某个专题的中小型档案陈列展览，也可以举办某些大型综合性档案陈列展览，或与其他部门联合举办反映某些工程或工作成果的档案陈列展览，为配合某项纪念活动的档案陈列展览。

（1）专题展览。专题展览指主题比较单一、举办时间相对较短、地点灵活的展出方式。目前暨南大学档案馆举办的专题展览主要有校庆和“6·9”国际档案日两种，如图 2-7、图 2-8、图 2-9 所示。

图 2-7　2018 年“6·9”国际档案日专题展览

图 2－8　2019 年“我与共和国同成长——情系暨南园”系列专题展览

图 2－9　2020 年“6·9”国际档案日专题展览

（2）网上展览。网上展览指利用网络技术，以数字化展览形式在虚拟的网络上进行的展览。网上展览因其形式独特、受众多、影响广泛，随时方便人们网上浏览等特点，深受群众欢迎。暨南大学档案馆网上展览主要利用官方网站以及微信公众号平台进行展出、宣传，如图 2－10、图 2－11所示。

图 2－10 暨南大学档案馆官方网站网上展厅

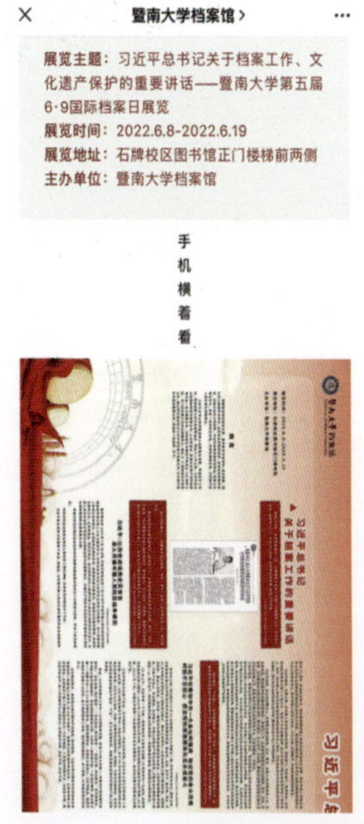


图 2－11 暨南大学档案馆微信公众号网上展览

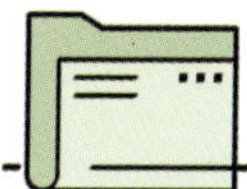

## 三、打造计算机网络服务平台

借助计算机快速传输与海量存储信息的特点，以及其丰富的表现力打造计算机网络服务平台，可使档案服务的内容和形式达到高度的统一，让档案信息服务更具有吸引力。

### （一）建立档案信息网站

计算机互联网可以承载、传输海量信息，其最大特点是不受时空地域限制，能在瞬间把信息快速传播到世界各地，同时，它可以带给利用者强烈的交互性和感官性，并且可以精确地统计接受宣传信息的人数，可以收到良好的宣传效果。暨南大学档案馆充分利用网络技术，积极开设档案网站（图 2－12），向利用者快速传递信息，最大限度地满足学校及社会的利用需求。

图 2－12 暨南大学档案馆门户网站

## （二）开发网上档案信息检索系统

有效检索档案信息，是实现档案信息利用的必要条件，因此网上档案信息检索系统成为网络环境下档案信息编研的关键环节，这就需要我们开发出高效的档案信息查询系统。为适应时代要求，暨南大学档案馆于 1996 年结合档案业务自行开发了单机版的档案管理系统，实现了档案条目的计算机管理；2001 年将该系统升级为网络版，实现了网络化管理和电子文件管理；2008 年购置了“南大之星档案管理系统”，实现了部门著录目录和电子文件远程利用；2011 年实现了与学校办公自动化系统（OA）的数据及电子文件集成；2017 年 7 月升级为上海中信信息发展股份有限公司研发的档案管理系统，部署了暨南大学馆藏资源管理系统（图2－13）、暨南大学专题编研系统、暨南大学档案利用服务平台，实现与学校办公自动化系统和研究生管理系统数据及电子文件的集成。新系统实现经审核的开放档案移动平台端利用，适应网络环境对查询系统的快节奏、高质量、高效率的要求。

图2－13　暨南大学馆藏资源管理系统

## （三）开展重大活动声像拍摄工作

这里所说的重大会议、重大事件的声像拍摄服务是指在有地方党政领导尤其是主要领导参与的活动中，暨南大学档案馆派专业人员跟随领导进行照片和录像拍摄，同时，将所拍摄的照片和录像作为馆藏的组成部分，提前收集进馆保存，并直接为领导、中心工作及社会提供服务的一项工作。暨南大学档案馆主要的声像拍摄服务工作有“口述暨南”（图2－14），至2023年已开展10余期，通过采访、录音录像、编辑整理，抢救具有珍贵史料价值的“活历史”“活档案”，征集学校珍贵历史资料，形成生动的历史记录，以期弥补“书写来源”档案材料缺失造成的遗憾，充实我校办学历史，力图为将来学校的历史考证和建设发展提供多一份参考。高校口述档案的积累，有利于积淀校史文化、营造校园氛围，从而发挥高校育人的整体功能。

图2-14 “口述暨南”采访照片（部分）

# 第三章

# 档案利用

档案利用是指利用者以阅览、复制、摘录等方式使用档案的活动。本章主要介绍暨南大学档案馆开展档案利用具备的条件、档案利用的具体方式和有关档案利用的政策法规。

## 一、档案利用的条件

档案利用的条件主要包括利用部配备的人员、查阅室、设施设备及建立的相关管理制度。

### （一）配备工作人员

暨南大学档案馆利用部分为综合档案利用和学生档案利用。综合档案利用配有 2 人，学生档案利用配有 3 人。

#### 1. 档案利用工作人员的职责

（1）热情接待档案利用者，指导利用者使用检索工具，帮助利用者选择和查找所需要的档案材料。

（2）监督阅览室各项规章制度的实施，维护阅览秩序，认真办理利用和复制档案的有关手续，耐心解答利用者提出的问题。

（3）仔细检查借出与收回时的档案状况，做好利用者的档案交接。

（4）登记与统计阅览人数、卷数，收集利用效果。

（5）听取利用者对档案工作的意见和建议，研究总结利用工作的特点和规律。

（6）负责档案阅览室的相关工作。

#### 2. 对档案利用工作人员的要求

档案利用工作人员必须熟悉馆藏档案情况，不仅要掌握馆藏档案的内容、成分和特征，还要对其存放位置、检索途径等了如指掌，同时能熟练操作各种档案利用设备。

### （二）配置设施设备

档案利用设施设备是开展档案利用工作的物质条件，即我们常说的“硬件”。为了保证档案利用工作的正常开展，暨南大学档案馆配置了以下设施设备：

#### 1. 阅览场所

暨南大学档案馆在档案人员的办公室内辟出了相对独立的场地，并配备专用的阅览桌椅，供档案利用者查阅使用，如图 3－1 所示。

图 3－1　暨南大学档案馆档案利用阅览场所

### 2. 复制工具

复制工具主要是指复印机、晒图机、照相机等可以直接复制、拍摄档案信息的工具。目前暨南大学档案馆主要配有复印机，能满足日常工作需要。

### 3. 专用记录纸笔

指事先印制的摘要纸和符合要求的书写笔和墨水。摘要纸标明档案馆名称、查档时间、档案内容摘要及档号、查档人姓名、审查人姓名等栏目，供有关人员填写。

## （三）制定档案利用制度

为使档案利用工作能够有法可依、有章可循，维护档案利用工作的正常秩序，确保档案的安全，暨南大学档案馆建立和完善了有关的管理制度，相关制度如下：

1. 阅览室接待对象和进入阅览室的相关要求，详见《暨南大学档案馆档案借阅利用制度》

## 暨南大学档案馆档案借阅利用制度

**第一条**　校内外单位和个人，持本人身份证或单位介绍信，可以利用档案馆非密级档案；借阅涉密档案须经档案馆馆长签字同意，其中涉及重大问题或重要秘密的必须经主管校长批准。

**第二条**　港澳台同胞、海外华侨、外国人或者外国组织利用本馆已开放的档案，须经学校外事部门审核以及档案馆馆长同意后，出具本人身份证或护照，方可查阅。

**第三条**　利用档案须认真填写《查档登记表》和《利用效果登记表》，档案原则上在馆内阅览，因工作需要必须借出的，须经档案馆馆长同意，办理借阅手续。每次借出档案不超过5件，如所借档案是以卷为单位装订，要拆除其他档案内容。借期不超过10天，延长借阅时间需另办理续借手续。逾期不归还者，应酌情罚款。保密档案不外借。

**第四条**　利用档案一律在查阅室进行。档案利用者应自觉遵守保密制度，不得翻阅其他与所查内容无关的档案，严禁涂改、污损、抽拆、增删和转借档案。不得擅自公开档案内容，更不能丢失，如发现上述情况，按《档案法》有关条款处理。

**第五条** 外单位人员和校内人员非工作原因利用本馆档案，本馆将按有关规定收取一定费用。

### 2. 档案资料的借阅范围和办理要求

**表 3－1 利用档案需提供的基本资料**

| 办理形式 | 所需材料 |
|---|---|
| 亲自办理 | 需提供本人身份证、校园卡等有效证件 |
| 委托办理 | 需提供被委托人身份证原件、委托书（委托信函）、委托人和被委托人身份证复印件 |
| 公务查档 | 需提供公务介绍信，查档人身份证、工作卡等有效证件 |

**表 3－2 利用档案需提供的其他材料**

| 档案类别 | 需提交的其他材料 | 备注 |
|---|---|---|
| 教学档案 | 已毕业学生查档需提供毕业信息，如毕业证遗失需提供详细的学籍信息 | 业务主要有：录取名册、成绩单、毕业生名册、研究生学位等材料利用 |
| 财会档案 | 加盖财务处公章的财务凭证号 | 业务主要有：学费发票、凭证、其他财会档案查阅 |

（续上表）

| 档案类别 | 需提交的其他材料 | 备注 |
| --- | --- | --- |
| 学生档案 | 提供详细个人的学籍信息、办理调档的需提供调档函原件 | 业务主要有：毕业生档案转递及咨询、党团籍材料借阅、单位政审、以档案为依据的相关证明开具等 |
| 科研档案 | 非科研项目负责人、非专利获得者查阅科研档案，须提供由科研项目负责人、专利获得者签署的意见或经科技处审批盖章 | 仅限可公开利用的档案 |
| 基建档案 | 一般限公务查档。个人查阅住宅图纸的，需提供相应房产证 | 仅限可公开利用的档案 |
| 校史档案 | 一般限公务查档。利用解放前档案的需馆领导审批 | 仅限可公开利用的档案 |
| 已故档案 | 需提供经人力资源开发与管理处审批盖章的函件 | |

### （四）档案复制件和摘录内容的管理

《暨南大学档案管理办法》对档案复制、摘录等做出了明确的规定。其中第三十条规定："查阅、摘录、复制未开放的档案，应当经档案馆馆长批准。涉及未公开的技术问题，应当经档案形成单位或本人同意，必要时报请主管校领导审查批准。需要利用的档案涉及重大问题或国家秘密，应当经学校保密委员会办公室审批，必要时报请主管校领导审批”；第三十一条则对复制件的使用做了更明确的指示：“加盖档案馆公章的档案复制件，与原件具有同等效力”。

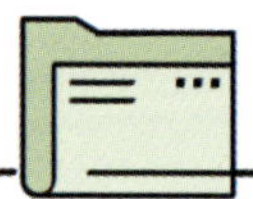

## 二、档案利用的方式

《中华人民共和国档案法》所称档案的利用，是指对档案的阅览、复制和摘录。在这里简要概述。

### （一）档案阅览

档案阅览是档案利用中最传统也最常见的方式，是指档案馆（室）在单位内部开辟阅览室，向利用者提供档案原件的一种服务方式。

#### 1. 馆内阅览

馆内阅览即利用者到档案馆，在档案馆为利用者专门设置的阅览场所阅览档案、资料。根据需要，我馆可给利用者提供档案原件，也可以提供档案复制品，馆内阅览室是目前档案提供利用的主要场所，尤其是提供档案原件，利用一般都应在馆内进行。

为了既满足档案利用工作的需要，又能有效地保证档案的安全，馆内阅览服务应注意以下事项：

（1）对于特别珍贵的或具有特殊意义的档案，以及已遭破坏、残缺不全、纸张脆化的档案应提供它们的复制件以保护原件。

（2）利用者要按规定进行借阅登记。

（3）利用者不能将档案带出指定的阅览场所。

（4）利用者不能损毁涂改档案。

### 2. 外借阅览

在某些特殊情况下，通过批准并办理有关手续，利用者将档案材料带出馆、室外阅览，这叫做外借阅览。外借阅览也是以档案原件提供利用的一种方式，必须说明的是，外借阅览一般发生在档案室和企业事业单位档案馆，且不应成为档案利用的常态。

（1）外借阅览的控制。

①外借对象控制。外借阅览，必须是单位及公务需要，非公务需要不能外借，能到馆内利用的，一般不要外借。

②外借原件控制。有档案复制件的尽量不借原件，馆藏重复的档案可适当放宽；特别珍贵与残破易损的常规文件、古稀文件、照片、影片、录音带、录像带等原件不能外借。

③外借利用控制。外借阅览的档案只供利用者阅览，利用者禁止私自复制。

④外借时间控制。我馆借出档案不超过 5 件，如所借档案是以卷为单位装订的，要拆除其他档案内容。借期不超过 10 天，确因工作需要，延长借阅时间需另外办理续借

手续。逾期不归还者，应酌情罚款。

（2）外借阅览的手续。

无论何人或机关内部各业务部门借阅本单位档案，都必须填写借阅单，履行签收手续。外机关借阅档案材料，应持有介绍信及经办人个人身份证明，并填写借阅单，写明借阅人身份、借阅目的、借阅范围、借阅期限和使用方法，经批准后方能借出。

## （二）档案复制

档案复制就是利用复印、缩影摄影、磁盘拷贝、复写、印刷等技术与方法生成与档案原件内容相同的复制品的过程。

### 1. 复制利用的手续

利用者在档案馆利用档案时，如果需要对档案进行复制，需向我馆提出申请，经批准后，由工作人员进行复制后交给档案利用者，并按规定收取费用。

外国组织或个人复制档案可以线上、线下等方式利用档案，需按档案馆规定，交纳有关费用。外国组织和个人复制档案必须填写复制申请单，经馆长审批，再由工作人员进行复制后交给利用者。

### 2. 档案复制件的效力

《中华人民共和国档案法实施条例》第三十二条规定：

“档案馆提供社会利用的档案，应当逐步实现以复制件代替原件。数字、缩微以及其他复制形式的档案复制件，载有档案保管单位签章标识的，具有与档案原件同等的效力。”第三十五条还规定“公开出售、散发或者张贴档案复制件”和“在展览、展示中公开陈列”都属于向社会公开档案的全部或者部分原文。

3. **档案复制件的管理**

禁止私自携运出境。《中华人民共和国档案法》第二十五条规定：“禁止擅自运送、邮寄、携带出境或者通过互联网传输出境。确需出境的，按照国家有关规定办理审批手续。”第五十条还规定：“擅自运送、邮寄、携带或者通过互联网传输禁止出境的档案或者其复制件出境的，由海关或者有关部门予以没收、阻断传输，并对单位处一万元以上十万元以下的罚款，对个人处五百元以上五千元以下的罚款；并将没收、阻断传输的档案或者其复制件移交档案主管部门。”

### （三）档案摘录

所谓摘录，有动词和名词两种词义。作为动词时，指选择需要的部分记下来，如从书本中摘录了几个有趣的故事；作为名词时指选择抄录下来的文字，如资料摘录。

作为法定的档案利用方式之一，摘录主要是指在阅览档案的过程中，选择将需要的档案内容抄录下来的行为，而通过摘录形成的记录，则可以称为“档案摘录”。

按照有关法律法规的规定，摘录档案的保管，单位批准其所形成的档案摘录的管理，也要按照上述档案复制件管理的有关规定进行。

# 第四章

# 档案服务利用常见问题解答

### （一）暨南大学档案馆地址及对外咨询电话

地址：广东省广州市黄埔大道西 601 号暨南大学蔡冠深博物馆。

综合档案办理地址：蔡冠深博物馆 404 室，咨询电话：020 – 85220237。

学生档案办理地址：蔡冠深博物馆 405 室，咨询电话：020 – 85227127。

图 4 – 1　暨南大学档案馆

### （二）档案对外服务时间

暨南大学档案馆档案对外服务时间见表 4 – 1。

表 4－1　暨南大学档案馆对外服务时间

| 地点 | 服务时间（周一至周五） |
| --- | --- |
| 蔡冠深博物馆 | 上午 8：30—11：30<br>（内部整理时间：11：30—12：00）<br>下午 2：30—5：00<br>（内部整理时间：5：00—5：30） |
| 建阳苑 17 栋库房 | 周一、周三下午 2：30—5：00 |
| 明湖苑 2 栋库房 | 周三、周五上午 8：30—11：30 |

注：周四下午内部学习，公休日和法定节假日不对外开放，寒暑假服务时间另行通知。

## （三）档案服务内容与方式

### 1. 服务内容

档案查阅（包含党群、行政、学生、教学、科研、产品、基建、仪器设备、出版、外事、财会、声像、实物、校史、专题、已故人员）、档案借阅、学历学位认证、学生人事档案转递办理等。

### 2. 服务方式

暨南大学档案馆已开通“微信公众号预约平台”，提供“现场办理”和“远程办理”（档案借阅除外）两种办理方式，办理者可根据需求选择其一办理。

（1）现场办理：持相关材料到暨南大学档案馆办理。

（2）远程办理。

方式一：邮箱办理：odangan@ jnu. edu. cn。邮件需含如下信息：①写明要查的具体资料。②个人联系方式（含收件人、电话及地址）。③附件一：个人身份证照片；附件二：毕业信息（学历或学位证照片）；附件三：付款截图。

方式二：微信公众号平台查档流程（图4－2）。

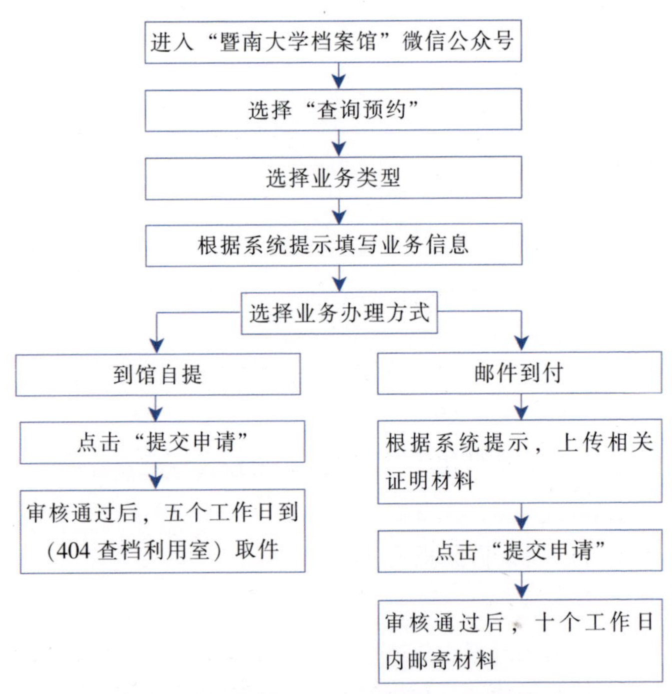


**图4－2　暨南大学档案馆微信公众号查档流程**

注：请严格按照提示上传有关证件材料。

## （四）档案服务如何收费

表 4－2　档案服务收费标准

<table>
<tr><th>服务项目</th><th>收费标准</th><th>收费依据</th><th>备注</th></tr>
<tr><td>证明出具</td><td>30 元/份</td><td rowspan="5">广州市物价局、暨南大学</td><td rowspan="5">举报电话：12345</td></tr>
<tr><td>学历学位认证</td><td>30 元/份</td></tr>
<tr><td>档案材料复印</td><td>10 元/份</td></tr>
<tr><td rowspan="2">资料复印费</td><td>A3 纸 0.5 元 1 张</td></tr>
<tr><td>A4 纸 0.3 元 1 张</td></tr>
</table>

注：①在校学生利用本人人事档案、学籍档案不收取费用（第二份起需按标准收费）。②本校教职工因公利用档案不收取费用。

## （五）收费管理

（1）利用档案收取费用使用行政事业性专用收费票据，收取的资金全额上交学校财务。

（2）若收取费用不提供票据，将按贪污公款处理。

## （六）档案借阅指南

（1）适用对象：仅限校内对公用户。

（2）借阅原则：档案一般不外借。学校各级单位如因公务等特殊原因确需借出档案的，需经所在单位、档案馆负责人审核同意方可办理借出手续。

（3）需提供的资料：①借阅者本人的身份证、校园卡等有效证件；②所在部门开具的公函、《档案查阅单》（档案馆领取填写）。

### （七）学历学位认证办理

因学历证书丢失或经国家学历认证中心查询无果，而又需要向就职单位提供学历认证材料的，可到档案馆查询、复印本人的录取通知书、学籍、成绩单、毕业证及学位证等相关档案，并加盖印章，以资认证，档案馆不另外出具任何证明，办理方法如下：

#### 1. 需提供的材料

（1）亲自办理，须提供本人有效身份证。

（2）委托办理，须提供委托人有效身份证复印件、委托书（亲笔签名）和受委托人有效身份证及身份证复印件。

（3）单位核查应聘人员学历：应聘人员毕业证书或学位证书复印件，加盖单位公章的查询申请（注明核查内容）、经办人员的有效身份证复印件。

#### 2. 办理方式

（1）到馆查阅。

（2）邮箱办理：odangan@ jnu. edu. cn（邮件需含如下信息：①写明要查的具体资料。②个人联系方式（含收件人、电话及地址）。③附件一：个人身份证照片（若是单位查阅还需出示公函）；附件二：毕业信息（学历或学位证照片）；附件三：付款截图。办理时长一般为 7—10 个工作日，邮政到付。

（3）微信公众号申请（暂未开通，具体开通时间请留意公众号的通知）。

图 4－3　学历学位办理方式

3. **收费标准**

查询费用：30 元/份（中国邮政汇款回执或手机支付，可选择任意一种方式支付）。

| 01 邮政汇款 | 02 手机支付 |
| --- | --- |
| 汇款地址：广州市天河区黄埔大道西601号暨南大学档案馆<br>收款人：原颖蓓<br>邮　政：510630 | 支付二维码见公众号 |

图 4－4　查询费用支付方式

附注：如需定额发票请在邮件或传真中备注收件人、收件地址和联系电话，发票快递方式为邮政到付。

## （八）学生档案业务办理指南

### 1. 遗留在学校的档案如何调档

档案对每个人都很重要，但如果由于种种原因，并没有顺利抵达你新的人生驿站而将档案遗留在学校，那么如何调走你的档案呢？

1）内招生

（1）有人事权单位的，如政府部门、事业单位、大型国企等，请单位人事部门开具相关的调档信函，并填写“暨南大学学生档案寄发审批表”（可登录档案馆网站 https://archives.jnu.edu.cn/下载中心下载），一起送至暨南大学档案馆。

地址：广州市黄埔大道西 601 号暨南大学档案馆（蔡冠深博物馆 4 楼 405 室），邮编：510632。

调档信函的要求：

①必须是盖有公章的原件。

②写明个人信息，包括：学生的姓名，身份证号码，学院，专业，学号（或入学年份），手机号等。

③要写清楚收档单位和收档单位地址。

（2）无人事权单位的，如私企等，可由人才交流中心开具相关的调档信函，要求同上。

（3）退学的档案转递回生源地的人力资源和社会保障局（人事局），请将我校相关部门开具的退学证明（在证明上注明学生的生源地）送往档案馆。要求把档案调往其他地方的，请按上述两点要求开具调档信函，并与退学证明一起送至档案馆。

2）外招生

除了要求有上述调档信函外，还需由暨南大学学生就业指导中心在调档信函上签署同意调档的意见或开具同意调档的信函，并加盖公章，一同送往档案馆。

3）办理调档需要的证件

（1）本人办理：身份证、调档函。

（2）委托办理：委托书并亲笔签名、委托人和受托人身份证复印件、调档函。

4）注意事项

（1）2020 年及之后的毕业生需在“广东省大学生就业创业”小程序进行申请调档，具体可向暨南大学就业指导中心咨询。2020 年之前的毕业生按以上流程申请办理。

（2）档案馆收到调档函和相关证明后，会在 10 个工作日内寄发档案，我馆不负责通知每位学生档案的寄发情况。大约 15 个工作日后学生可自行向收档单位查询档案收档情况。

### 2. 档案投递方式

暨南大学通常通过中国邮政快递 EMS 学生档案专门渠道寄发到接收单位，少数民族骨干和部队则用机要通信方式转递。

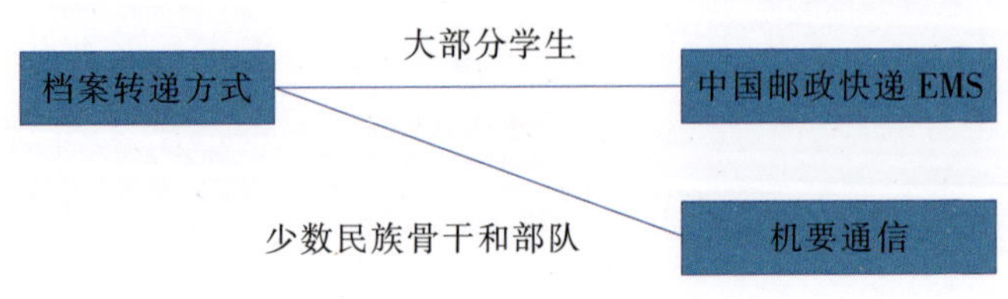


**图 4－5　档案投递方式**

学生查询档案是否转递到本单位时可以致电咨询以下部门：

①中国邮政快递 EMS 查询电话：11185。

②广州市机要局查询电话：020－87751312。

### 3. 毕业生档案一般什么时候寄发

我校毕业生档案通常在七月中下旬统一寄发，档案馆不予单独寄发某学生的毕业生档案，毕业生政审材料（复审表、政审表、思想表等）由毕业生交学院盖章并自行寄发。接收单位在寄出后的一个月内即可收到档案。请毕业生及时登录学生个人信息网填写调档函具体地址等信息，调档函自行保管，并且及时查询和关注档案寄发情况。若填写时有疑问请咨询学生就业指导中心（地址：行政办公楼 3 楼，电话 020－85220043）；档案寄发情况可咨询档案馆（地址：博物馆 405 室，电话：020－85227127）。

### 4. 学生人事档案去向如何查询

档案寄出后同学们可用如下方式查询到本人档案的去向：

（1）关注暨南大学档案馆官方微信公众号“暨南大学档案馆”，在“微服务—学生档案查询”查询栏目根据指引录入个人信息查询。

（2）登录档案馆网站查询档案寄发情况，网址：https：//archives. jnu. edu. cn/（点击档案馆主页右上角“系统入口”栏下的“学生档案查询”即可进入毕业生档案去向查询界面）；档案寄出一个月后，同学们可向接收单位的人事部门询问是否收到档案。如档案未收到的可以向档案馆学生档案部查询；如发现档案中缺少材料的可以向各院、系、所党总支及负责学生工作的部门查询。

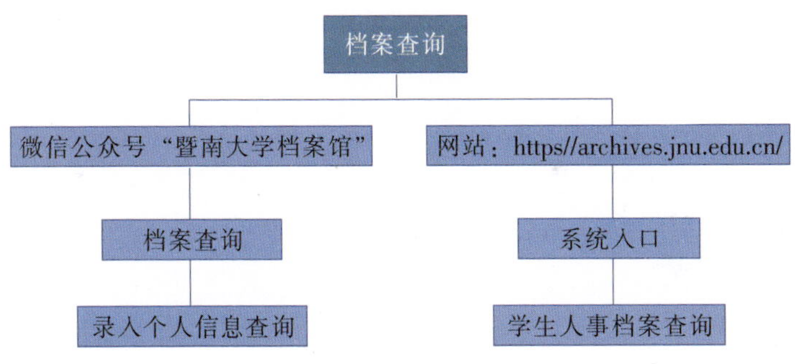


图4－6　档案查询方式

### 5. 毕业生出国留学其档案应如何办理

毕业生出国留学，其档案可转至教育部留学服务中心留学人员档案室、生源所在地人事部门（劳动部门、街道）或者政府指定的专门性档案保管服务机构，转出时应出具上述单位开具的接收档案的信函。

### 6. 应届毕业生考（保）研调档流程

（1）应届毕业生收到拟录取院校的《调档函》后，需先按函件要求到学院相关部门办理填写《现实表现复审表》、《政审表》或《政治思想鉴定》等表格，加盖学院相关部门的公章并自行寄发。

（2）毕业生及时登录学生个人信息网填写调档函具体地址等信息，调档函自行保管；档案馆根据信息网的填写数据于每年的 7 月中下旬统一寄发。

经过将近两年的努力，《暨南大学档案普及知识》的编写工作迎来了胜利的曙光，即将付梓。

首次编撰校园读本，对于我们各位编者而言，难度比想象中大了许多。在内容方面，写得深了，怕不便于读者理解；写得浅了，怕不全面不到位；全是文字的话，看起来难免枯燥；插图编排不好，又怕效果适得其反。总归是怕不能让大家明了档案工作实是一项看似简单，做起来当真不易的工作。因为档案工作各个流程环环相扣，缺一不可。特别是收集整理以及服务利用工作，是需要档案馆和归档单位甚至是广大档案利用者共同努力的基础性业务工作。各位编者斟酌再三，并多方查询资料，希望能通过对档案的定义介绍让大家对档案、高校档案的收集整理、档案服务与利用、档案保护在概念方面有意识认知上的总体把握；通过对国家档案和高校档案收集范围、整理要求、利用范畴的介绍，了解档案是有其特定的保存和利用价值

的，也希望借此让大家对我国和我校馆藏档案的现状有大致了解；对档案收集、整理、利用的要求和方式进行专项说明，是希望能借此宣传，进一步规范档案管理各项工作，更是希望我校档案工作能朝着更科学更系统的方向发展。

本套书是暨南大学档案馆全体人员努力的结果。感谢学校的支持和各位编者的辛劳付出，正是大家的通力合作，才使本套书得以顺利完成编写。

由于编者的水平和学识有限，档案专业理论与实践知识亦在不断发展，书中恐难免有谬误之处，敬请广大读者不吝指正，以便使本套书不断完善。

**暨南大学档案馆**

2023 年 8 月

# 暨南大学档案普及知识

暨南大学档案馆　编

# 档案保护

沈晓涛　著

暨南大学出版社
JINAN UNIVERSITY PRESS

中国·广州

图书在版编目（CIP）数据

暨南大学档案普及知识. 5，档案保护/暨南大学档案馆编；沈晓涛著. —广州：暨南大学出版社，2024. 6
ISBN 978 -7 -5668 -3127 -9

Ⅰ. ①暨… Ⅱ. ①暨…②沈… Ⅲ. ①暨南大学—档案保护 Ⅳ. ①G647. 24

中国国家版本馆 CIP 数据核字（2023）第 148146 号

**暨南大学档案普及知识·档案保护**
JINAN DAXUE DANG'AN PUJI ZHISHI · DANG'AN BAOHU
**编　者：暨南大学档案馆**
**著　者：沈晓涛**

出 版 人：阳　翼
策划编辑：杜小陆
责任编辑：曾小利
责任校对：刘舜怡　陈皓琳
责任印制：周一丹　郑玉婷

出版发行：暨南大学出版社（511434）
电　　话：总编室（8620）31105261
　　　　　营销部（8620）37331682　37331689
传　　真：（8620）31105289（办公室）　37331684（营销部）
网　　址：http：//www. jnupress. com
排　　版：广州良弓广告有限公司
印　　刷：佛山市浩文彩色印刷有限公司
开　　本：850mm×1168mm　1/32
印　　张：9. 25
字　　数：172 千
版　　次：2024 年 6 月第 1 版
印　　次：2024 年 6 月第 1 次
总 定 价：69. 80 元（全五册）

#《暨南大学档案普及知识》

从档案的发展史来看，档案的起源与发展同人类社会的发展和进步密切相关，其发展史反映了人类社会的发展脉络和生产水平。高校与其档案事业，也是密不可分的。档案可以见证高校的发展，印证高校的文化以及考证高校的历史。

百年暨南，声教四海。自 1906 年始创于南京，继而崛起、兴盛于上海，最终扎根于南粤大地，暨南大学已经走过了 110 多年。在这一个多世纪的奋斗历程中，暨南大学形成了特色鲜明、严谨求实、开拓进取的办学风格，沉淀了深厚博大的暨南文化，铸就了影响深远的暨南精神。暨南文化和暨南精神的内涵非常丰富，记载以及体现这些丰富内涵便是档案的使命所在。一个走过百余年历史的名校，留下了“忠信笃敬、知行合一、自强不息、和而不同”的暨南精神，形成了悠久厚重的暨南文化。做好档案工作，这些暨南精神和暨南文化便有迹可循，否则就是空口无凭。

做好档案工作，首先要了解档案知识，认识档案工作中不可分割的各个环节。遵循法规、按照流程来对暨南大学各个门类的档案进行收集、整理、利用与保护，才能发挥档案的最大价值。为此，我们编写了这套《暨南大学档案普及知识》，力求按照认识档案的一般方法带大家了解档案知识和档案工作。本套书共 5 册，分别为《档案认识》《档案收集》《档案整理》《档案服务与利用》以及《档案保护》。为了增强趣味性、可读性，我们尽量使用言简意赅的语言，并搭配了丰富多彩的图片。

我们期待，通过这套书的推广与传播，能够激发更多人对档案工作的兴趣与热情，让更多的人参与到档案的保护与利用中来。我们更期待，通过档案的普及与传承，能够让暨南大学的历史与文化得到更好的弘扬与发展，为学校的未来发展注入新的活力与智慧。

**暨南大学档案馆**

2024 年 4 月

一般来说，做好档案保护，档案馆要达到“十防”的要求。“十防”是指防盗、防火、防虫、防鼠、防潮、防尘、防高温、防光、防霉、防有害气体。本书也是从这十方面进行介绍的。

首先，档案馆库房建筑的设计要考虑防高温、防潮的效果，选择相应的设计方案和建筑材料；同时还要考虑防火设计。其次，在档案库房的日常管理当中，要控制好温湿度，要防光、尘、有害气体对档案的影响；还要做好防霉、防虫、防鼠工作，避免有害微生物及生物等对档案的损害。此外，在人为因素上，要注意防盗防丢失，以保证档案的安全。最后，本书还介绍了受损档案修复的部分技术与方法以及档案安全检查需注意的方面。

档案保护工作是档案工作的重要组成部分，不容忽视。档案保护将为档案资料的长久保存打下坚实的基础。

在正文开始之前，我们先来看一个相关案例：

2009 年 3 月 3 日，德国科隆城市档案馆突然向前倒塌，同时殃及相邻的两栋居民楼，尽管有提前预警，大多数人员得以撤离，但还是有两人在事故中丧生。

科隆城市档案馆曾是德国最大的城市档案馆，馆存大约65 000份文献，104 000份地图及地形图，约50 000张布告，档案架长达30千米。其中馆藏最早年份的档案是922年的。馆藏档案中还有这座城市包括政治家、商人、诗人、思想家、音乐家等818份杰出人士的个人档案。该档案馆被认为是阿尔卑斯山以北最大的地方性档案馆。此外，1971年落成的档案馆大楼也尤其引人注目，因为该档案馆安装了可自动调节的新风控制系统，并且不需要额外安装空调，这被称为“科隆模型”。这一概念逐渐被档案管理界之外的人们熟知，甚至在整个德国都获得了积极的评价。

事发前档案馆地下正在建设南北地铁隧道。施工现场的渗水引发了隧道管道内的滑坡，导致科隆城市档案馆的轰然坍塌。这一事故的主要原因是工程人员对技术的盲目信任以及骄傲自满，同时也有社会上缺乏对档案馆的理解与重视的因素。经过紧急抢救，在来自德国以及整个欧洲大陆其他国家档案工作者的帮助下，有超过95%的档案被抢救出来，可供再次使用，但清理所有损失仍需数十年，约有8千米长度的档案存放在临时库房。截至2017年，坍塌造成的损失预计约为12亿欧元。

科隆城市档案馆大量珍贵历史档案遭损毁这一灾难性后果，让我们档案工作者感叹惋惜，究其深层次的缘由，应是该档案馆人员对档案保护工作的意识不足、措施不足。档案保护工作在档案工作的流程中是非常重要的一个环节，档案工作者必须对其有足够的认识和重视。

# 目录 Contents

档案保护

# 第一章

# 档案保护简介

# 一、档案保护体系和内容

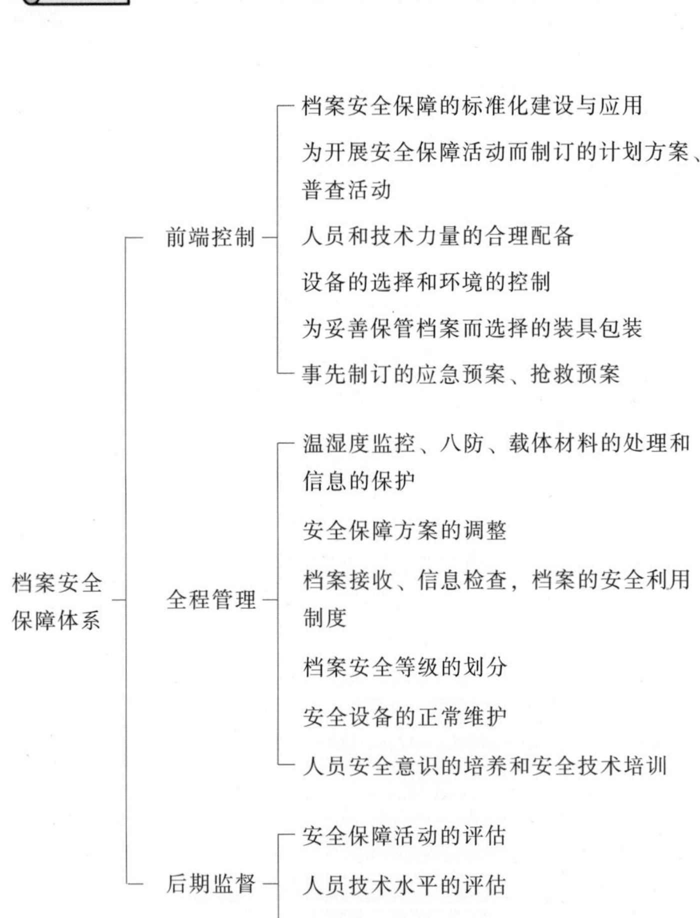


**图 1－1　档案安全保障体系的构建**

### 1. 档案安全保障体系

档案有三大体系建设：档案信息资源体系、档案安全保障体系、档案服务利用体系。档案保护作为档案三大体系建设的一项措施被提出，足以证明档案保护的重要性。

档案安全保障体系的构建不仅解决了技术问题，而且能有效地管理和组织安全保护各环节。该体系目标明确，技术措施有效，组织管理有力。

### 2. 档案保护的内容

档案保护的内容是采用一定的设备和方法对档案进行科学管理，维护档案在保管和利用过程中的完整与安全，最大限度地延长档案的寿命。档案保护是档案工作的重要组成部分。

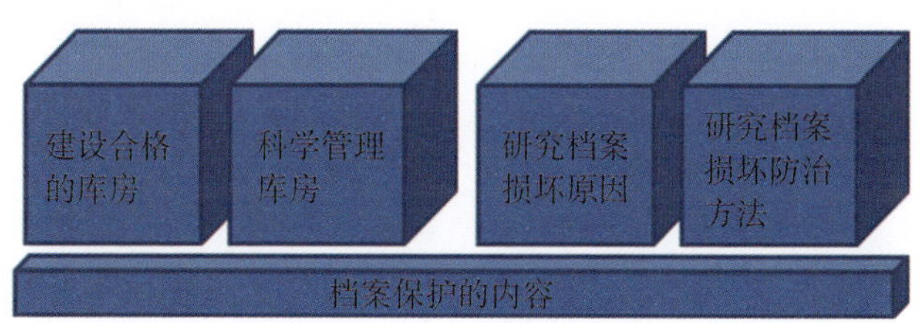


图 1－2　档案保护的内容

## 二、档案保护技术简介

档案保护技术研究的是制成材料的损坏规律及科学保护档案的技术方法。科学保护档案的技术方法很多，归纳起来主要有两个方面：一是防的技术，二是治的技术。防的技术是防止或减缓各种外界不利因素对档案制成材料的破坏作用，主要是为了改善档案保护条件。治的技术是对已经受到损坏或不利因素影响的档案进行处理，修复已遭损坏的档案，尽力恢复其历史原貌，增强其抵抗外界不利因素的能力。

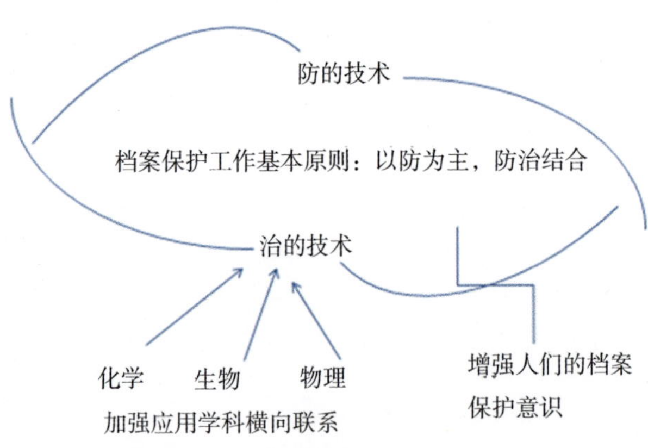


图 1－3 档案保护的防、治技术

1. **防的技术**

防的技术主要是从加强库房日常管理工作以及通过库

房建筑为改善档案保护条件创造物质前提。

### 2. 治的技术

治的技术一般包括去污、去酸、加固、修裱及字迹恢复等。

# 第二章

# 档案库房要求

# 一、档案库房建筑要求

## 1. 档案馆建筑的重要性和建造原则

档案馆作为集中保管档案的机构，是永久保管档案的基地。档案馆建筑的好坏直接影响到档案的保护效果。好的档案馆建筑能阻挡外界不利因素对档案造成的损坏，预防意外事故的发生。由此可见其重要性。

档案馆建造的基本原则是适用、经济、美观相结合。其中适用是最基本、最重要的一条原则。

## 2. 档案馆建筑选址和平面布置的要求

（1）档案馆的选址要求。

根据国家标准《档案馆建筑设计规范（JGJ25 - 2010）》,并结合广东的实际情况，档案馆馆址的选择应主要满足以下几点：

①馆址选择应纳入并符合城市规划的总体要求。

②馆址应远离易燃、易爆场所，不应设在有污染腐蚀性气体源的下风向。

③馆址应选择在地势较高、场地干燥、排水通畅、空气流通和环境安静的地段。

④馆址应建在交通方便，便于利用，且城市公用设施比较完备的地区。高压输电线不得架空穿过馆区。

（2）档案馆总平面布置的要求。

①档案馆建筑宜独立建造，自成体系。

②总平面布置根据近远期建设计划的要求，宜进行一次规划建设，也可分期建设。

③馆区内道路布置应便于档案的运送、装卸，并符合消防和疏散要求。

④馆区应留有绿化用地。

⑤馆区内应设有停车场等公共设施。

⑥馆区内建筑及道路应符合无障碍设计要求。

图 2－1　档案馆平面布置示意图

### 3. 档案库房建筑的防高温与防潮

（1）库房屋顶的防高温与防潮。

坡屋顶的防高温与防潮效果比平屋顶好。因为坡屋顶有一定的坡度，接受太阳辐射强度小、时间短、受热面积小，在同样的条件下比平屋顶外表温度低，可以避免大量的热量通过屋顶建筑材料传入库房，保持库房内温度较低。

档案馆屋顶需采用一定的隔热措施。一般来说，采用通风间层屋顶隔热效果较好。通风间层屋顶是在屋面与顶层天花板之间建造一个空气层，因为空气的导热系数很小，能起到隔热的作用。

**表 2 – 1　常见隔热材料导热系数**

| 材料名称 | 导热系数 |
|---|---|
| 空气 | 0. 02 |
| 钢筋混凝土 | 1. 33 |
| 泡沫混凝土 | 0. 18 |
| 聚苯乙烯泡沫塑料 | 0. 04 |

从表 2 – 1 中可以看出，空气的导热系数很小。在实际施工中，隔热材料多做成疏松多孔状，这样既可提高隔热效果，又能减轻建筑的自重。

（2）库房外墙的隔热与防潮。

档案库房的外墙也需要隔热与防潮，一般的做法有以下几点：

①加厚墙体，内外抹灰。通常是在腔体内外的表面抹 10 ~ 15mm 的水泥砂浆。

②墙体使用隔热材料。

③建造空气间层隔热墙体，间层的厚度以 50 ~ 100mm 为宜。

④设内走廊，能有效实现外墙隔热、防水。

⑤将楼梯设在西端。

⑥做好墙体的外表面，如装修浅色的光滑的水磨石、

瓷片等。

⑦如果库房设在地下室或地面一、二层，库房四周需有一定的防水坡和排水沟，以免积水浸蚀墙体。

（3）库房门窗的防高温与防潮。

档案库房的门窗要求数量少、面积小，档案库每开间的窗洞面积与外墙面积比应不大于1：10。

①档案库房的门应为保温门，窗应为双层窗，开启窗应有密闭措施。

②可在窗口安装窗帘、百叶窗等遮阳装置。

库房窗帘拉开时，阳光明媚

库房窗帘关上时，完全不透光

**图2-2 档案馆窗帘遮阳效果示意图**

（4）库房地面的防水与防潮。

一般来说不建议建造地下库房。对于地面一层的库房，架空地面较为理想。架空层的高度一般不小于60cm。此外，防水坡和排水沟也是很必要的防潮措施。

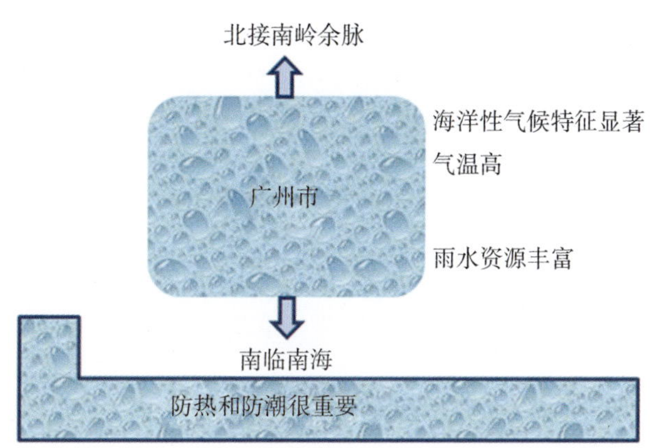


图 2－3　在广州地区气候条件下需注意防热防潮

### 4. 档案库房建筑需注意的其他方面

（1）档案库房建筑的防火要求。

档案库房建筑的耐火等级不应低于一级。一级耐火建筑是钢筋混凝土结构或砖墙与钢筋混凝土结构组成的混合结构。二级耐火建筑物是钢结构屋顶，钢筋混凝土柱或砖墙组成的混合结构。

此外，应在库房建筑上设置一定的防火分隔物，如防火墙、防火门等；档案库房还应与周围建筑保持一定的防火间距，该间距不应小于 30m。

（2）档案库房的负荷与结构。

档案库房的负荷重量是比较大的，建库时，档案部门应根据所使用的档案柜架全部装满档案时的重量，精确计算出每平方米的负荷，再增加 20% 的保险系数，供设计人员参考。根据《档案馆建筑设计规范（JGJ 25 - 2010）》的要求，库房的楼面均布活荷载不得小于 5kN/m$^2$，安装密集架的楼面均布活荷载不得小于 12kN/m$^2$。

（3）档案库房的容积与开间。

档案库房的容积应综合考虑，至少预留 30 年的库容，开间的划分一般以大间为主，大小间结合。此外，档案库房的高度应略高于柜架高度，一般为 2.8m。

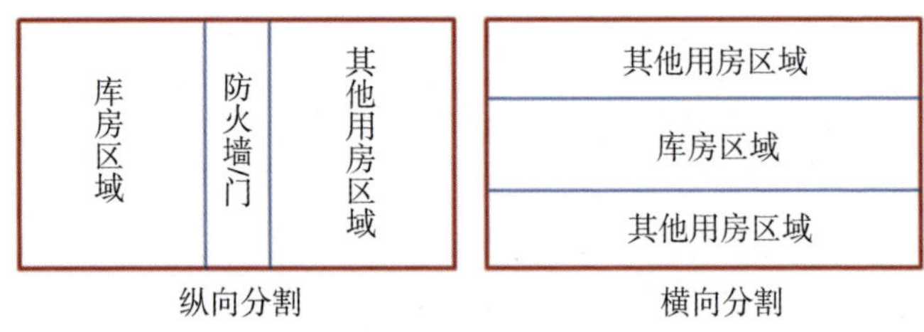


**图 2-4 同一建筑内档案库房与其他用房布局示意图**

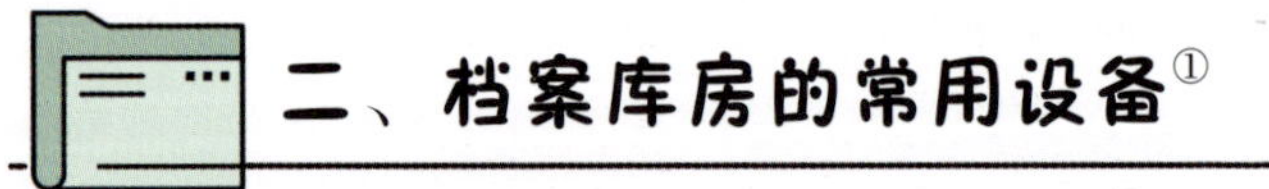

## 二、档案库房的常用设备[①]

档案馆建筑还需要有配套的档案管理设备，它们是我们保管好档案的不可或缺的物质基础。

《机关档案管理规定》第二十二条规定：机关应当按照档案信息化要求，建设或配备能够满足库房现代化管理、档案数字化、电子文件及电子档案管理需求的基础设施设

① 以下设备的图片均拍摄于暨南大学档案馆。

备。智能库房管理基础设施设备应当满足温湿度调控、漏水监测、消防报警、安全防范、视频监控等系统集成管理以及其他智能管理需要。

### 1. 档案装具

档案装具是档案馆、室必需的基本设备。档案装具种类很多，各有所长，档案馆、室应根据库房的特点和档案的价值及规格的不同，合理选用，灵活配置。目前，我国使用的档案装具主要有：档案架、档案箱、档案柜、密集架等。档案柜大多是双门立式档案柜，可用金属制作，也可用木材制作。

图2－5　金属档案柜

图2－6　档案五节柜

图 2－7　密集架

图 2－8　木质档案柜

2. **空调设备**

空调设备能使室内空气的温度、湿度、洁净度和流动速度在一定范围内变化，是档案库房的必备设备。集中式空调与局部式空调均可使用。

《档案馆空调系统设计规范（DA/T 87－2021）》确立了档案馆空调系统设计的总体原则,规定了档案馆空调系统的技术参数、空调区域划分、系统设计、设备选型、机房设备布置等要求，适用于各级各类档案馆空调系统的设计与建设。

从一般原则来说，档案馆空调系统应设置自动化控制系统，配备采用标准通信协议的传感器、控制器、执行器及人机界面软硬件；档案馆空调应采用环保的材料和设备，不应采用任何具有腐蚀性、毒性、强电磁干扰的空调系统和相关设备。档案馆库房空调系统宜选用运行安全、稳定可靠、控制精度高、过滤效果好、能效比高的恒温恒湿空调系统。

### 3. 除湿设备

除湿设备由压缩机、热交换器、风扇、盛水器、机壳及控制器组成。其工作原理简单来说就是利用空气中的水分进入除湿器中的蒸发器时冷凝结霜，然后积聚成水排出，从而达到降低特定空间中绝对湿度的目的。其原理和空调器制冷模式时的除湿原理类似。除湿机在广东地区尤为重要。需注意的是带有除湿功能的空调机并不能代替除湿机。

图 2－9　除湿机

### 4. 消防设备

适用于档案库房灭火的灭火剂有二氧化碳、水和干粉等，灭火器分为便携式和固定式两种。另外还有高压细水雾灭火系统。

**图2－10 灭火器及消火栓**

**图2－11 高压细水雾灭火系统**

根据《档案馆高压细水雾灭火系统技术规范（DA/T－2021)》，可知高压细水雾灭火系统的灭火原理为：①冷却：由于细水雾雾滴直径很小，相对同样体积的水，其表面积剧增，从而加强了热交换的效能。②隔绝热辐射：细水雾具有非常优越的阻断热辐射传递的效能，能有效阻断强烈的热辐射。③释、乳化、浸润：大量的雾滴会冲击到燃烧物表面，从而将燃烧物浸湿，阻止固体挥发可燃气体的进一步产生，达到灭火和防止火灾蔓延的目的。此外，高压细水雾还具有洗涤烟雾、废气及对液体的乳化和稀释等作用。

高压细水雾以水为灭火剂，绿色环保，对人体也没有危害。细水雾采用特殊的喷头，用水量少，水渍污染小，不会对火灾现场带来二次损失。细水雾在汽化的过程中具有降温、浸润的效果，且穿透性强，可以实现立体灭火，不易复燃。

### 5. 安全保卫系统

档案库房的安全保卫设备可分为门禁设备、防盗报警设备、闭路电视监控设备等。

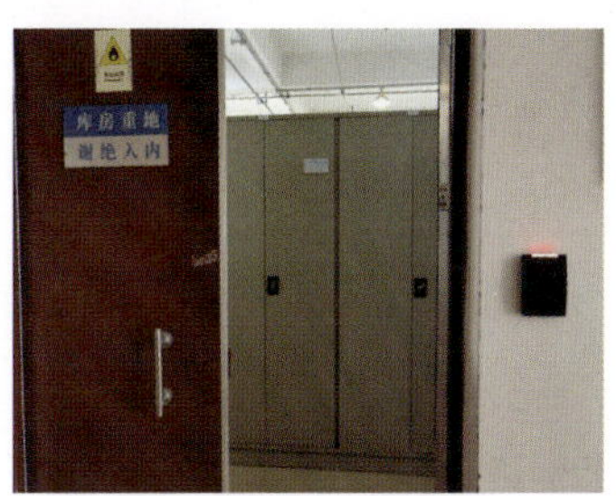


图 2－12　门禁系统

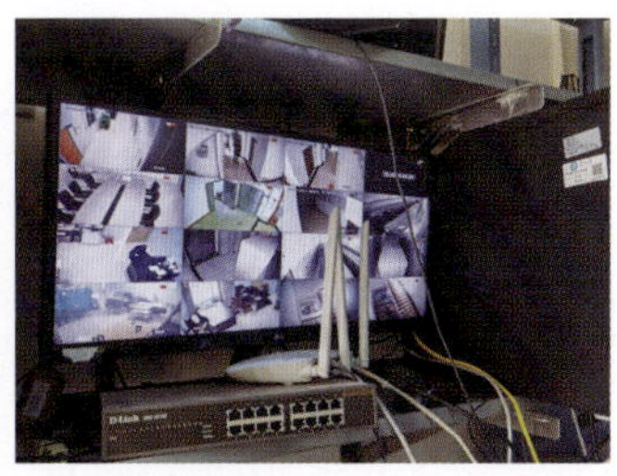

图 2－13　闭路电视监控

# 第三章

# 档案库房管理

合格的档案库房，必须配合科学的管理方法才能收到最佳效果，达到维护档案安全与完整、延长档案寿命的目的，否则就会危及档案的安全。

## 一、合理布局库房

以方便档案保管与利用为标准，处理好档案存放间与工作人员用房、设备用房、技术用房、档案阅览室及其他工作间之间的关系；根据档案的重要程度区别安排相应的库房；根据档案的载体布局库房的大小及朝向等。

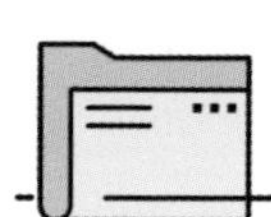

## 二、档案库房的组织排架和档案材料装具

### 1. 组织排架

库房中的档案架、柜的排放，应合乎以下要求：

（1）排列整齐，横竖成行。

（2）避免光线直射，注意通风。

（3）节约库房面积和空间，存取方便。

为了便于对库房内的档案进行管理以及能够迅速取放档案，所有的档案架、柜都应进行统一编号。编号的一般方法是：自门口起，从左到右编架、柜号；如果架、柜有栏，也是从左向右编号，格与五节箱则自上向下编号。

档案存放方式，可以采用竖放与平放两种。竖放是目前采用最多、最普遍的一种方式，其优点是便于存放和取用。平放的优点是对保护档案有利，特别适用于保管珍贵档案和不宜竖放的档案，但缺点是取放档案不太方便。

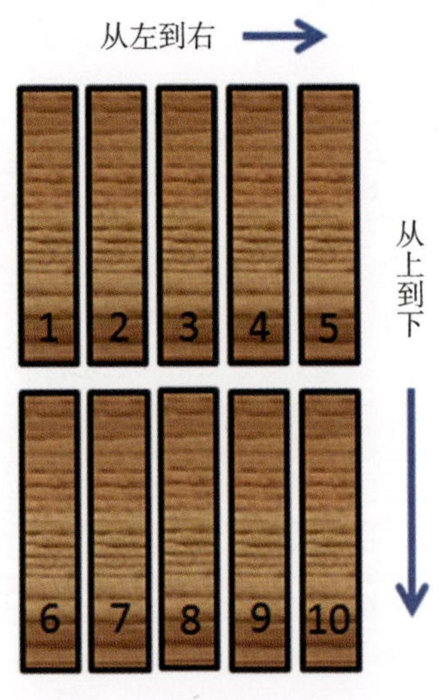


图 3－1 档案组织排架示意图

### 2. 档案装具材料的选择

档案装具材料是指包装档案的卷皮、卷盒及其他封裹材料。包装材料可以使档案免受光线、有害气体及灰尘的直接危害，还可以减少档案的机械磨损，防止细菌与害虫的入侵。选择档案包装材料时，要注意其生产单位是否获得档案材料的生产许可，生产原料及工艺是否符合档案包装材料生产的国家标准与规范。

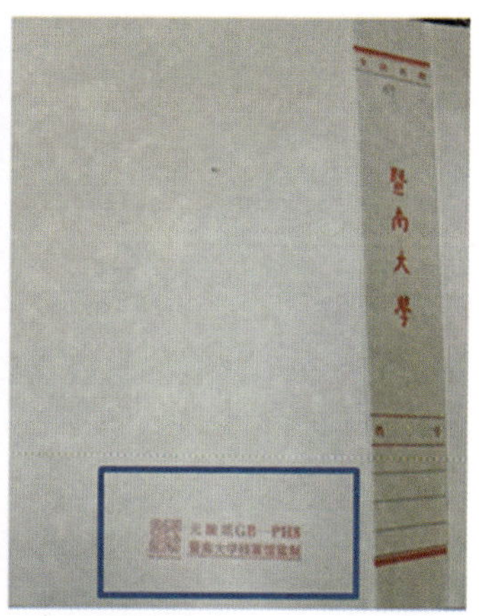


图 3－2 由无酸纸制成的档案盒

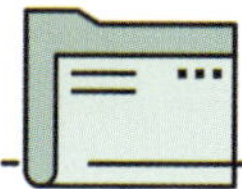

## 三、档案库房温湿度的管理

### 1. 档案库房温湿度的标准

档案的寿命与档案库房的温湿度密切相关。档案库房温度过高或过低，湿度过大或过小都会影响档案制成材料的耐久性，对档案的保存产生不利影响。为了使档案库房的温湿度符合档案保护的要求，需采取一定的措施，即对档案库房的温湿度进行控制与调节。

国家档案局于 2010 年正式颁发了《档案馆建筑设计规

范 JGJ 25－2010》，对我国各类档案库房的温湿度提出了明确的规定：温度 14℃～24℃，夏季不大于 24℃；相对湿度 45%～60%，夏季不大于 60%。在规定范围内，温、湿度每昼夜波动幅度要求是温度 ±2℃，相对湿度 ±5%。

**表 3－1　档案库房温度和湿度要求**

| 库房类型 | 温度（℃） | 湿度（%） |
| --- | --- | --- |
| 纸质档案库 | 14～24 | 45～60 |
| 音像档案库 | 14～24 | 40～60 |
| 特藏室 | 14～20 | 45～55 |

### 2. 档案库房温湿度的控制和调节

档案库房温湿度控制与调节的原则是：当档案库房内的温湿度适于档案保护时，采取措施防止或减少库外不适宜的温湿度对库内的影响，使库内适宜的温湿度得到维持；当档案库房内的温湿度不适于档案保护时，采取一定的措施改变这种状况，使之达到档案保护的要求。常用的方法是密闭和通风。

1）密闭

当档案库房内的温湿度符合档案保护条件时，采用密闭方法可防止或减弱库外不适宜温湿度对库房的影响，使库房内的温湿度处于稳定的状态。密闭的重点是门窗。

2）通风

（1）通风的目的。

根据空气流动的规律，有计划地使库内外的空气交换，从而达到调节库房内温湿度的目的。

（2）通风的原则。

①库外的温度与相对湿度都低于库内时，可以通风；反之则不能通风。

②库外的温度低于库内，而库内外相对湿度相同时，可以通风；反之，则不能通风。

③库外的相对湿度小于库内，而库内外温度相同时，可以通风；反之，则不能通风。

④库外温度低于库内，而库外相对湿度大于库内或库外温度高于库内，而库外相对湿度小于库内时，需利用公式进行计算，将库内外的绝对湿度进行比较，若库外绝对湿度小于库内，则可以通风；反之，则不能通风。

**表3－2　档案馆内各种用房通风换气次数设计参数**

| 用房名称 | 通风换气次数（次/小时） |
| --- | --- |
| 档案库房 | 1～3 |
| 阅览室 | 2 |
| 复印室 | 10 |
| 报告厅 | 2 |
| 展览厅 | 1～2 |
| 消毒室 | 10 |
| 卫生间 | 10 |

（3）通风的注意事项。

①通风时，应对库内外温湿度进行监测，注意其变化的情况，随时采取相应措施。

②通风时应防止库内结露。

③通风时应注意防尘和防有害气体进入库内。

④通风后应立即密闭，使库内适宜的温湿度状况得以保持较长时间的稳定。

目前暨南大学档案馆采用环境安全智能控制系统对库房进行恒温恒湿调控。该系统对档案库房环境管理的各种设备通过网络实行网格化和智慧化管理，由各类采集终端，查阅设备、视听设备、供电、供冷、恒温恒湿、安保监控等设备与各类有线、无线宽带网络构成，并能进行智能调度分配，使档案馆库房各种设备运行、保养和维护趋于智慧化，优化人力和物质资源的调配。

通过该智能控制系统，现在暨南大学档案馆库房的温湿度调控、漏水监测、烟雾检测、消防报警、门禁报警、红外报警可通过 PC 端、移动端来实现档案库房无人值守，大大节省了人力物力。

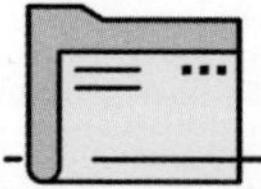

## 四、档案库房的防光、防尘

### 1. 防光

防光简单来说就是在档案的保管和利用中尽量减少光

的作用时间和辐射强度。对于纸张而言，光不仅会改变纸张的色泽，同时会降低纸张的强度，影响档案材料的耐久性。因此要做好防光措施。一是档案库房窗户要少，库房的窗户玻璃可采用毛玻璃、花纹玻璃等来减少紫外线照射，且要配挂窗帘，防止阳光直接射入；同时库房照明装置应使用白炽灯，以避免日光灯紫外线对纸张的破坏。二是存放档案应使用架、柜、箱、盒、袋等，尤其要使用有防光作用的包装材料，形成一个良好的局部防光环境。日常工作中档案文件不要长时间放在近窗处，展览陈列时，应以复制件代替原件。三是尽量减少利用原件复印的次数，多次复印可用复印件代替原件。四是利用彩色片、蓝图的档案材料时，应尽量减少或避免光直射。五是档案阅览室的照度应适当，查阅与提取档案时，应做到人走灯灭，减少光对档案材料的损害。

### 2. 防尘

灰尘会增加档案材料的机械磨损，影响信息的读取；会增加酸、碱对档案的影响；还可能使档案黏结在一起，形成档案砖；另外灰尘会污染档案，会使纸张逐渐变色，影响字迹的清晰度和音像档案的还原；灰尘还是霉菌孢子的传播者，落在档案上后遇适宜条件会滋生霉菌，破坏档案材料。

防尘的措施一是要注意档案的密闭保存；二是库房周围要进行绿化，这对阻挡和吸附灰尘作用很大；三是库房内应选用质地坚硬耐磨、光滑且易清洁的材料；四是要做好库房清洁卫生工作，配备吸尘器。

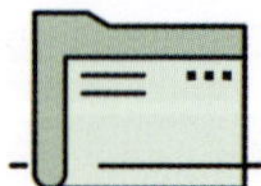

## 五、档案库房有害生物的防治

危害档案的生物主要是细菌、霉菌等微生物及害虫。它们不仅会使档案发霉甚至霉烂，而且会在档案上蛀蚀出孔道和洞。因此要对其进行有效的预防和除治。

图 3－3　经实验培养观察到的档案库房的霉菌（左）和细菌（右）

（1）预防措施。

①严格控制库房温湿度，保持库房温湿度的稳定，使库房环境不利于有害微生物的生长、发育、繁殖。

②净化入库的空气，可使用空气净化器进行过滤。

③检查入库前的档案，最好是先对档案进行灭菌再入库。

④搞好库房的清洁卫生，应经常清扫库房，减少档案受污染的机会。

⑤配备档案装具，避免档案与空气中有害微生物直接接触。

⑥保持工作人员的清洁卫生，避免直接接触档案。

⑦采用安全有效的防霉剂。

（2）灭菌措施。

档案感染有害微生物后，必须及时采取灭菌措施。灭菌的方法很多，但由于档案制成材料本身的特殊性，所以在采用灭菌方法时，要特别慎重，要遵循不能对纸张、字迹、胶片等物质材料有任何损伤，对环境污染小，对人体无害，灭菌效果好的原则。常用的灭菌方法有物理灭菌法和化学灭菌法。

①物理灭菌法：如冷冻真空干燥灭菌，微波灭菌，r 射线灭菌等。

②化学灭菌法：使用熏蒸剂甲醛、环氧乙烷等来杀灭有害微生物。

图 3－4　暨南大学档案馆使用的档案真空灭菌器

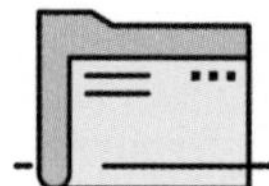

## 六、档案的防盗、防丢失

在档案管理的过程中，还要防止人为的毁损。人为的毁损一是由于各种原因，人为地对某些档案文件进行有计划、有意识的破坏；二是由于档案工作人员以及接触档案的有关人员工作麻痹大意，或疏忽职守，或不遵守规章，以及缺乏档案管理工作知识等，导致管理和使用不善，造成了档案的丢失、毁损或档案管理系统的紊乱。为了避免档案的涂改及丢失，有以下相关措施：

（1）配置防盗门、窗，以及监控系统。

（2）库房门和档案箱、柜钥匙由专人妥善保管。

（3）要加强对档案管理人员的培训，严格执行借阅制度。

（4）对各类档案均应按规定的范围进行查、借阅，并严格履行手续。

总之，档案库房管理要做到的基本要求是：

（1）以防为主，防治结合。

（2）相互协调，密切配合。

（3）加强重点，照顾一般。

（4）立足长远，保证当前。

# 第四章

# 档案修复

前面三章介绍的是档案“防”的技术，接下来介绍的是档案“治”的技术。

### 1. 档案修复的基本原则

（1）最大限度地延长档案的寿命。

（2）尽量保持档案原貌。

（3）修复的方法要经过试验证明是有效可行的。

（4）修复的方法尽可能是可逆的。

### 2. 纸质档案的修复

图 4－1　各种破损档案

根据中华人民共和国国家标准化指导性技术文件《纸质档案抢救与修复规范　第 4 部分：修复操作指南（GB/Z 42468. 4－2023）》，纸质档案修复的流程如图 4－2 所示：

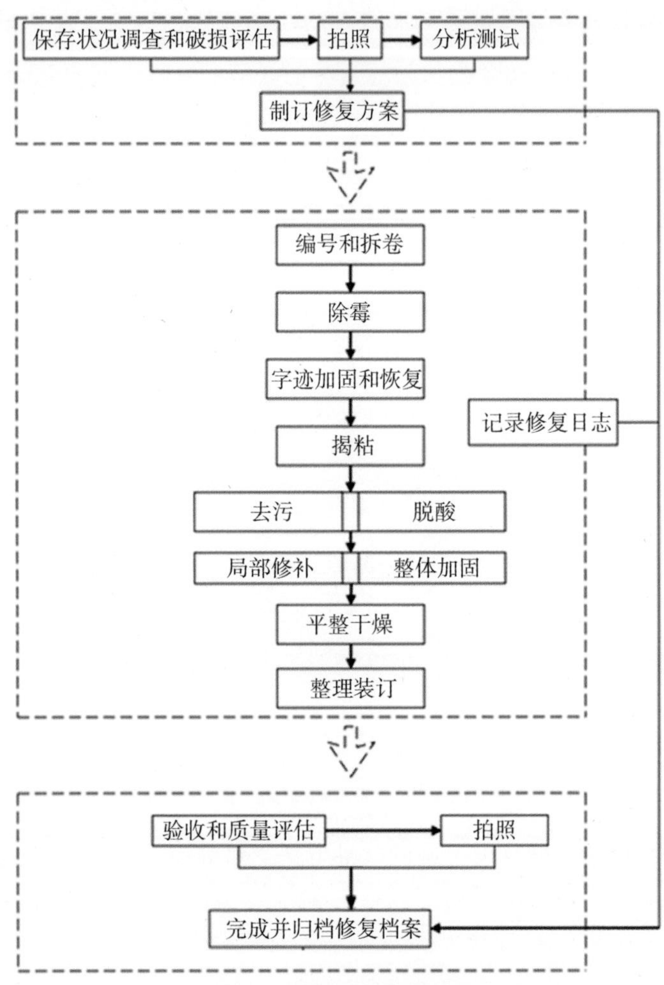


**图 4－2　纸质档案修复流程**

其中，揭粘指将粘连在一起的档案纸张分离的过程。去污是指用机械去污、溶剂去污或氧化去污去掉档案上的泥斑、油斑、蜡斑、墨水斑、霉斑或水渍等。脱酸是指将档案纸张在制造过程中残留的一些酸性物质去掉，从而提高纸张的耐久性。脱酸方法有液相去酸和气相去酸两大类。修补是指对纸张上有孔洞、残缺或折叠处磨损的档案进行处理。修补用纸的纤维方向要和档案用纸的纤维方向一致，纸的厚度、颜色、质地也要尽量与档案纸张相似，必要时可将修补纸染成和档案纸张一样的颜色。修补所用浆糊的稀稠也要根据纸张的厚薄来决定。修补通常有补缺和托补两种方法。加固是指对档案的纸张和字迹进行加固，通常有涂料加固、塑料薄膜加固、丝网加固和托裱加固等方法。

### 3. 字迹恢复与显示

在档案保管和利用过程中，有些档案字迹发生扩散、褪变及被污斑遮盖等现象，需要采用措施进行恢复与显示。目前有物理和化学两种方法进行恢复与显示。物理法主要通过摄影或计算机图像处理技术来进行，包括可见光摄影法、紫外荧光摄影法、红外摄影法、数字图像处理法等。化学法是利用化学物质与档案上的褪色字迹发生反应，在档案原件上恢复出字迹的一种方法。目前有蓝墨水字迹显色法、扩散圆珠笔复写纸字迹恢复法、褪色圆珠笔复写纸字迹恢复法等。

### 4. 灾后档案抢救

档案受灾后，其受损主要有两种形式：一是档案受浸，二是档案被烧。如果受浸档案不及时处理，一般情况下 48 小时（气温高时则更快）就会滋生各种菌类，造成纸张机械强度下降、粘连、字迹扩散。如果被烧档案不及时处理，则会由于碳化、酥脆而造成更大的损失。

（1）水灾后档案的抢救。

水灾后档案的抢救必须先清除纸张上的污泥，再进行干燥，然后进行修整，最后进行消毒。值得注意的是，档案的干燥不能用晒太阳的方式，因为这样会导致档案纸张变黄变脆。

（2）火灾后档案的抢救。

火灾后的档案，有些虽然遭火焚，但未完全碳化，被称为碳化档案，需要及时进行修复。可采用的方法：一是对碳化档案进行托裱加固，从而增加其机械强度。二是采用微缩拍摄机进行翻拍，从而抢救受损档案上的信息。

# 第五章

# 档案安全检查需注意的方面

### 1. 电气设备安全情况

需注意电线有无超期和超负荷使用，有无定期检修，线路接头是否接触良好；电气设备是否存在过热、积热不散或放电问题；配电箱、分线盒、开关、熔断器等装置是否正常。

### 2. 计算机及相关设备安全情况

需注意保存档案数据的临时存储载体是否妥善保管；节日期间仍需运行的信息系统是否有可靠的安全管理措施；UPS 电源运行状况是否正常并被实时监控等。

### 3. 消毒设备安全情况

需注意消毒设备中是否存有档案；没有使用的消毒设备是否切断电源；有毒消毒气体保存是否符合国家有关规定等。

### 4. 消防设备安全情况

需注意消防设备是否定期进行检查；能否及时、准确报警；能否正常运行等。

### 5. 监控报警设备安全情况

需注意监控设备是否实时值守；重点部位监控是否有遗漏；警报系统能否及时准确地对安全事件作出反应等。

### 6. 档案出库入库安全情况

需注意因工作需要出库的档案是否清点数量并入库；是否发现卷内有缺件或者其他情况；是否办理了交接手续。

对检查出来的问题要立即整改，不能马上整改到位的，要切实采取有效措施防控风险。

经过将近两年的努力，《暨南大学档案普及知识》的编写工作迎来了胜利的曙光，即将付梓。

首次编撰校园读本，对于我们各位编者而言，难度比想象中大了许多。在内容方面，写得深了，怕不便于读者理解；写得浅了，怕不全面不到位；全是文字的话，看起来难免枯燥；插图编排不好，又怕效果适得其反。总归是怕不能让大家明了档案工作实是一项看似简单，做起来当真不易的工作。因为档案工作各个流程环环相扣，缺一不可。特别是收集整理以及服务利用工作，是需要档案馆和归档单位甚至是广大档案利用者共同努力的基础性业务工作。各位编者斟酌再三，并多方查询资料，希望能通过对档案的定义介绍让大家对档案、高校档案的收集整理、档案服务与利用、档案保护在概念方面有意识认知上的总体把握；通过对国家档案和高校档案收集范围、整理要求、利用范畴的介绍，了解档案是有其特定的保存和利用价值

的，也希望借此让大家对我国和我校馆藏档案的现状有大致了解；对档案收集、整理、利用的要求和方式进行专项说明，是希望能借此宣传，进一步规范档案管理各项工作，更是希望我校档案工作能朝着更科学更系统的方向发展。

本套书是暨南大学档案馆全体人员努力的结果。感谢学校的支持和各位编者的辛劳付出，正是大家的通力合作，才使本套书得以顺利完成编写。

由于编者的水平和学识有限，档案专业理论与实践知识亦在不断发展，书中恐难免有谬误之处，敬请广大读者不吝指正，以便使本套书不断完善。

**暨南大学档案馆**

2023 年 8 月